新时代 新家风 育新人

宁阳县家风教育教材编写组 编著

山东文艺出版社

宁阳文庙

颜庙

禹王庙

复圣家风教育
基地家风馆

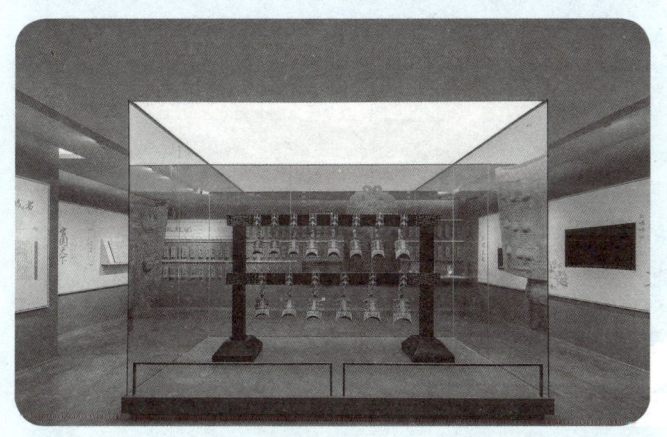

周公嘉禾家风馆

洸河公园

编委会

主　任：崔　媛　周鹏飞
副主任：刘学平　孙延龙　王世强
　　　　王凤新　郑　磊

主　编：刘学平
副主编：赵井龙　王现文　王先勇
编　委：纪　敏　樊　勇　柳方喜
　　　　安晶波　陈海亮　朱爱清
　　　　颜廷霄　党文东　孙翠翠
　　　　宋连军　张祥梅　仝　宽
　　　　王　娟　薛克干　王　鹏

前　言

这本书专门为家长朋友量身打造。

古人云"父母之爱子，则为之计深远"，现在我们常说"家庭是孩子的第一所学校，父母是孩子的第一任教师"，也有人说"一个问题学生的背后必定有一个问题家庭"。凡此种种，无不表明家庭在孩子健康成长过程中不可替代的重要作用。那么，什么样的家庭有利于孩子健康成长？如何打造这样的家庭？归根到底，就是一个家风建设问题。新时代，家风教育的目标是什么？各种观点，见仁见智。我们提出家风建设的八大目标，即忠党爱国、遵纪守法、勤学上进、廉俭齐家、修德明礼、诚实守信、仁爱孝悌、拼搏奋斗。为使家长朋友更好地理解家风的内涵，一批有经验、有情怀、有责任心的优秀教师利用暑期休息时间，广泛收集资料，深入分析研究，逐字逐句打磨文稿，编写了这样一本有着鲜明宁阳特色的家风教育读物。

此书以家风建设的目标为纲，分为八编，每编有理念篇、操作篇、案例篇、传承篇四个主要模块，每编以章题页形式明确了各自的"课程目标"，并均以习近平总书记的讲话作为本编题记。本书体例清晰，说理通透，方法可行，案例典型，素材鲜活，其中许多故事发生在我们的身边，让人读来倍感亲切，给人以启迪，相信能够为广大家长朋友提供有益的帮助。

  本书选用了嘉禾文化研究院李刚同志撰写的《走进宁阳周公台村 探源周公嘉禾千古传奇》一文，作为本书代序，看似突兀，实则想告诉家长朋友们一个重要事实：作为本书重要素材的来源地——宁阳，是一个有着悠久、深厚、璀璨文化的地方，周公嘉禾的故事就发生在这片热土上，而"周公吐哺，天下归心""桐叶封虞""泰伯三让天下"等故事更说明家风教育自古就浸润着宁阳这片沃土，并因此造就了宁阳人以"重公义"而"轻私爱"为主要特征的道德风范。新时代的我们，是否更应当传承这些优秀的家风传统并使之发扬光大呢？

  受时间和编写者水平所限，本书仍有不少疏漏和瑕疵，敬请批评指正。

走进宁阳周公台村
探源周公嘉禾千古传奇

李 刚

这是一条由蛇眼诸泉汇流而成的古老河流——罗河。3000多年前的一天,在其流过的周公台上,三军列阵、旌旗招展、鼓声震天,一个因嘉禾而发生的震撼世人、影响千古的故事正在上演……历经沧桑,这座大土台因遭受破坏而难见全貌。但作为那段历史文化的见证,它仍然屹立在人们心间,默默倾诉着那段荣耀的历史与动人的故事——

周公东征　筑台建兵所

说起这周公台,来头可真不小,明清《宁阳县志》均有记载。只不过它原名叫"东台"。清光绪版《宁阳县志》说:"东台,在县南里许。旧志云:相传周公居东,系易于此,故又名周公台。"周公东征时,在此处设置"兵所",占卜吉凶、唱颂嘉禾以后,这圣人生活战斗的地方,自然也就被记入官方文献了。司马迁《史记·周本纪》所载"晋唐叔得嘉谷,献之成王,成王以归周公于兵所。周公受禾东土,鲁天子之命",说的就是发生在这里的"周公嘉禾"的故事。后来,此地陆陆续续出土了不少先秦时代的文物残片。2012年,周公台被列入第三次全国文物普查不可移动文物名录。

周公东征为什么将"兵所"建在宁阳呢?

揭开这个谜底,要从3000多年前的那段历史说起。公元前1046年,武王灭商建周,周朝建立仅四年,武王就去世了。当时,成王年幼,在叔叔周公的辅佐下继位。"周公吐哺,天下归心"。在周公辅佐下,成王安葬了武王,安抚了民心,稳住了时局,当时的人们对周公的忠心与才干广为称颂。

可是周公的才干却招来了时称"三监"的他的三个兄弟的怨恨。为了离间周公与成王的关系,他们派人四处造谣,说周公有不臣之心。一心想复辟商朝的武庚趁此良机,纠集殷商旧部,勾结"三监",掀起了一场规模浩大的武装起义,其中包括国力最强的奄国。

国家危难之时,周公挺身而出。在成王授命下,周公迅速筹集粮草,调集兵马,挥师东上讨伐叛逆。由于不得人心,中原地区和朝歌附近的叛军很快就被周公打败。周公杀死管叔鲜,流放蔡叔度,把霍叔处废为庶民,并将仓皇逃跑的武庚擒获,让其落了个身首异处的下场。

此时,周公东征最大的敌人就是盘踞在泰山南北的奄国和蒲姑了,它们是商朝时代的军事和经济大国,与周公率领的东征"王师"还没有过大规模的军事冲突,实力不容小觑。为了灭掉奄国,周公采取迂回包抄的方式,先攻取奄国周围的其他国家,然后践奄。在打败以徐国为首的淮夷各国后,周公向北进军,降服缯国、丰国,一路北上到了奄国西郊(今宁阳县城附近。

宁阳的这块土地与周公家族血脉相连,早在周文王时,周公之弟叔武就被封于宁阳,建邦立国,国号为"郕",而郕就在周公台北偏东方向,相距不过三公里。在周公台西北方向十余公里处,就是周文王伯父泰伯后裔的封地,今宁阳县寺头村还保存着泰伯祠。周公在此地设立前敌指挥所,具有良好的政治基础。

从地理位置上看,此地是奄国西郊,离奄都曲阜仅有不到30公里的距离,在此地驻兵,正可谓"进可攻,退可守"。再加上周公台附近地势平缓,水面开阔,村东的罗河简直就是天然的防守屏障,是屯兵打仗的首选之地。于是,周公就将中军帐立在周公台村。为便于操练兵马、占卜祭祀,周公命人沿河筑高台、置兵所,休整部队,为攻奄做准备。传说,周公在此驻守三年,直到东征全面胜利,方才离开。1980年,在宁阳县城西的滩头村也发现过西周时的兵器——青铜戈。

恭迎嘉禾　同忾灭奄国

就在周公饮马罗河,秣马厉兵准备大战奄国之时,周成王的使者唐叔虞驾到。

叔虞乃周成王的弟弟,被封于唐,故称为唐叔虞。周公东征灭奄时,唐叔得"异亩同颖"禾,进献周成王。成王感念远在东土作战的叔叔周公,又因"金縢"一事为其忠心所感动,遂命唐叔代表他奔赴前线,将所得之禾作为嘉奖,馈赠周公。

天子馈禾,意义非同寻常。周公启用先天八卦、后天八卦、奇门遁甲等易术,一番推演后,确定了迎接王赐之禾的日子、时辰，号令三军整修高台迎禾。

迎禾之日，周公全身金甲、腰挎宝剑，雄赳赳地从台的东侧拾级而上，两侧金甲卫士执戟仗剑、昂首挺胸、威风凛凛。一望无际的三军阵容中间，一条旌旗招展的通道直抵台下，传令兵一个接着一个快步跑到台前禀报。最后一声传报落地，旗罗伞扇簇拥着唐叔来到台下。

唐叔登上高台，宣读了成王的嘉奖令《馈禾》，然后将禾举过头顶赠给周公。周公双膝跪地接过馈禾，高声唱颂《嘉禾》以答谢成王。从此以后，各地所出祥瑞之禾，便被称为"嘉禾"。

仪式结束，周公慷慨激昂地历数了武庚、"三监"和奄国的罪状，进行灭奄的战前总动员。

此时，又逢毛叔郑带领军队前来增援助战，在两路大军的合围下，奄国人无力抵抗，城破国灭。践奄之后，周公率军迅速北上攻占泰山北侧的蒲姑，结束了历时三年的东征之战，实现了周朝版图的大一统，奠定了周朝800年基业。

相传周公在接受嘉禾后，还将嘉禾的种子分赠给村民，教给他们先进的耕种技术，宁阳地区农业比较发达，或许与此有关。清乾隆年间所编《钦定授时通考》记载，宁阳地区先后多次出嘉禾。

追根溯源　嘉禾承家风

成王馈禾周公，周公作《嘉禾》答谢成王，叔侄同心治理天下。正是这种"敬德保民、家和天下"的家国情怀，才开创了历史上"天下安宁，刑措四十余年不用"的太平盛世——成康之治，奠定了嘉禾在中国传统文化中的独特地位。

但历史的发生绝不是偶然的，周族800多年的王朝存续，需要从周公家族的家风传承中去寻找原因。

周公的祖父泰伯，曾三让天下，被孔子尊为"至德"。作为亶父长子，泰伯理应是王位继承人，但父亲希望贤能的"季历"继承王位，所以他就干脆避让，托词采药与仲雍奔吴。

"孝德"是周公家风的传世基因。泰伯到达江南后，父亲周太王去世，他与仲雍回家奔丧。季历和众臣求他接位，泰伯坚决不从，料理完丧事后即返江南，王位由季历继承。季历继承王位后，整肃朝政，扩大领土，遭到商的嫉恨，被暗害而死。泰伯又一次回岐山奔丧，群臣再次请他继位，他依然不从，办完丧事后立马返回，王位由"圣子昌"——姬昌继承。

"仁德"是周公家风的立世之宝。《诏太子发》是《逸周书》中周文王给太子姬发的训诫，被称为中国第一部家训。周文王"不为骄侈，不为靡泰，不淫于美，括柱茅茨，为爱费。山林非时不升斤斧，以成草木之长；川泽非时不入网罟，以成鱼鳖之长；不麛不卵，以成鸟兽之长。畋渔以时，童不夭胎，马不驰骛，土不失宜。土可犯，材可蓄。润湿不谷，树之竹苇莞蒲。砾石不可谷，树之葛木，以为絺绤，以为材用"的告诫，警示后人厚德广惠，爱惜万物，轻减用度，为民谋利。

"信德"是周公家风的根本之道。"桐叶封虞"的故事出自《吕氏春秋·览部》：成王与唐叔虞燕居，援梧叶以为圭，而授唐叔虞曰："余以此封女（汝）。"叔虞喜，以告周公。周公以请曰："天子其封虞邪？"成王曰："余一人与虞戏也。"周公对曰："臣闻之，天子无戏言。天子言，则史书之，工诵之，士称之。"遂封叔虞于晋。周公以"君无戏言"劝谕成王，为后世以诚立身树立楷模。

"谦德"是周公家风的行为标尺。《周公诫子》是中国著名的古训，当成王封伯禽于鲁时，周公诫之曰："往矣，子无以鲁国骄士。吾，文王之子，武王之弟，成王之叔父也，又相天子，吾于天下亦不轻矣。然一沐三握发，一饭三吐哺，犹恐失天下之士。吾闻之，德行宽裕，守之以恭者，荣；土地广大，守以俭者，安；禄位尊盛，守之以卑者，贵；人众兵强，守之以畏者，胜；聪明睿智，守之以愚者，哲；博闻强记，守之以浅者，智。夫此六者，皆谦德也。夫贵为天子，富有四海，由此德也。不谦而失天下，亡其身者，桀、纣是也。可不慎欤？"周公以"握发吐哺"的现身说法，告诫儿子伯禽谦德立国的道理。

孝德、仁德、信德、谦德汇集成的良好家风，正是周公叔侄同唱嘉禾的历史根源。周公嘉禾故事所衍变的"家和万事兴"的家风文化，在万世传承中升华为中华民族的核心价值追求。

道贯古今　　嘉禾谱新曲

俗话说，"厚德之地出嘉禾，天降祥瑞于圣者"。周公嘉禾文化之所以被后世推崇，有着深厚的历史原因。

从周族起源和发展的历史来看，嘉禾是其部族崇拜的图腾。周始祖后稷，因好耕农、亲稼穑，被舜举为农官，其子孙世代为夏朝农官。可以说，周族兴起与周朝建立都是以农业发展为基础的，这也就揭开了周朝时期嘉禾具有崇高无上地位的谜底。

从我国古代社会发展的经济基础来看，嘉禾是中国农耕文明的典型文化符号。历史上，中国是一个"以农立国"的国家，列朝帝王都有耕藉田、祀社稷、祷求雨、下劝农命的仪式和措施，无一例外地把"重本抑末"作为理国之道。从"神农得嘉种教民以耕"的神话传说，到先秦时期民间流传的《击壤歌》，人们都将"日出而作，日入而息，凿井而饮，耕田而食"作为梦寐以求的太平盛世。田出嘉禾作为农业丰收的重大预兆，自然会被历代当朝者重视，这也成为中国古代文化的重要组成部分。

周公嘉禾家风馆

作为齐鲁文化的荦荦大端，自周公开启嘉禾文化新篇之后，嘉禾所承载的"理念和、家庭和、万物和、天下和"的"和同"价值就融进了儒家文化血脉之中并成为其文化核心，支撑着儒家"天人合一"的哲学思想，也孕育出宁阳地区温良敦厚的人文风俗。

3000多年前，元圣周公择址宁阳筑台唱嘉禾，开启了一个文明新时代。今天，在"圣者之域、嘉汇万物"的宁阳县城东部新区，一座为传承"周公嘉禾"文化而生的"华宁·嘉禾园"鼎新耀世,卓然而立在县城中轴线上。她传承着周公嘉禾文化的精髓,续写着周公嘉禾文化的传奇,为倍受儒学浸淫的宁阳县城增添了无穷魅力。

正是:

周公嘉禾立伟业,启肇中华一家亲。
适逢盛世承大道,万众逐梦当自信。

目录

第一编	理念篇 / 3
忠党爱国	操作篇 / 7
	案例篇 / 12
	传承篇 / 22

第二编	理念篇 / 27
遵纪守法	操作篇 / 29
	案例篇 / 35
	传承篇 / 41

第三编	理念篇 / 45
勤学上进	操作篇 / 48
	案例篇 / 53
	传承篇 / 59

第四编	理念篇 / 63
廉俭齐家	操作篇 / 66
	案例篇 / 71
	传承篇 / 79

第五编 修德明礼

理念篇 / 85

操作篇 / 87

案例篇 / 96

传承篇 / 101

第六编 诚实守信

理念篇 / 105

操作篇 / 108

案例篇 / 113

传承篇 / 124

第七编 仁爱孝悌

理念篇 / 129

操作篇 / 132

案例篇 / 135

传承篇 / 142

第八编 拼搏奋斗

理念篇 / 147

操作篇 / 149

案例篇 / 154

传承篇 / 169

后　记 / 172

第一编

忠党爱国

通过推进家风建设,进一步倡导忠党爱国的家风。大力弘扬爱国主义精神,牢固树立正确的家庭观、国家观、民族观,坚定理想信念,拥护党的领导,把爱家和爱国统一起来,把实现个人梦、家庭梦融入国家梦、民族梦,心往一处想,劲往一处使。

广大家庭都要把爱家和爱国统一起来,把实现家庭梦融入民族梦之中,心往一处想,劲往一处使,用我们4亿多家庭、13亿多人民的智慧和热情汇聚起实现"两个一百年"奋斗目标、实现中华民族伟大复兴中国梦的磅礴力量。

——2016年12月12日习近平在会见第一届全国文明家庭代表时的讲话

理念篇

《忠经》中论述,"天下至德,莫大乎忠","忠也者,一其心之谓也"。忠,是中华民族的传统美德之一,其本质是一种责任。如果我们把"忠"的现实意义定位于忠于祖国、忠于人民,就是对祖国、对人民负责;定位于忠于职守,就表现为爱岗敬业。忠,是家庭巩固的基石;忠,是职业道德的灵魂。

中国自古就有"忠君爱国"的思想,现代社会强调的是对党、对国家的忠诚。

没有共产党,就没有新中国,这是总结中国近现代历史而得出的一条真理。1921年中国共产党成立,中国革命的面貌从此焕然一新。在此之前,农民阶级、资产阶级改良派和革命派的一系列起义、运动和革命都失败了,都没有能够挽救半殖民地半封建中国的命运,历史的重任落在了中国共产党的肩上。中国共产党带领中国人民进行了一系列惊天地、泣鬼神的艰苦卓绝的斗争,终于推翻了压在人民头上的三座大山,建立了新中国,实现了国家独立和人民解放。

没有中国共产党,就不会有国家富强和人民幸福。中国共产党是建设中国特色社会主义事业的领导核心,这已被中国当代历史发展的实践所证明。中国共产党带领人民取得了社会主义革命和建设的伟大胜利，又审时度势地做出了改革开放和建设中国特色社会主义的英明决策，开创性地发展社会主义市场经济；中国共产党站在历史和时代的高度，在习近平新时代中国特色社会主义思想的指导下，正在带领全国人民为把我国建设成为富强、民主、文明、和谐、美丽的社会主义现代化强国而奋斗。整个中华大地呈现出一派政通人和、繁荣昌盛的景象，中华民族的国际声望越来越高。

爱国是社会主义核心价值观对于公民价值准则的首要要求。爱国是基于个人对自己祖国依赖关系的深厚情感，也是调节个人与祖国关系的行为准则。爱国是公民必须恪守的基本道德准则，也是评价公民道德行为选择的基本价值标准。没有国，哪有家？2011年利比亚内乱撤侨，2015年尼泊尔大地震撤侨，2015年也门撤侨。这一系列事件告诉我们：也许现在的中国护照，还不能带我们去世界上所有地方；但是当灾难与战争来临的时候，它能从世界上的任何一个地方，接我们回家。现在的中国，对公民的保护不只限于国内，在世界上任何一个地方，我们都可以感受到作为中国人的尊严。所以，我们要更加热爱祖国，热爱带领国家逐渐走向强大的中国共产党。

在中国特色社会主义新时代，我们要传承老祖宗的优良基因，做到"忠党爱国"，以实际行动维护党中央的绝对权威，深爱我们生活的这个国家。忠党爱国不是一句空话，而是每一个炎黄子孙都要坚守的底线。我们要拥护党的领导，拥护党的方针、政策。每一个中华儿女都要怀有一个梦想，那就是中华民族的伟大复兴。"对党忠诚，永不叛党"，是每个共产党员在庄严的入党宣誓仪式上掷地有声的誓词，也是党章对党员的基本要求。

家是最小国，国是千万家。2015年12月30日，中央政治局就中华民族爱国主义精神的历史形成和发展进行第二十九次集体学习。习近平总书记指出："爱国主义是中华民族精神的核心……实现中华民族伟大复兴的中国梦，是当代中国爱国主义的鲜明主题。"我们要大力弘扬这一主旋律，"爱国主义从青少年抓起，这方面的工作是管长久，管根本的"。现在中国有四亿多个家庭，每个家庭都要在忠党爱国的中华美德的熏陶下，关心引导家人代代相传，传承优良家风，将之汇集成强大的国家发展动力和凝聚力，使之成为中华民族生生不息的精神力量。

忠党爱国就是对民族的担当。忠党爱国是毛泽东"敢叫日月换新天"的领袖气魄，是周恩来"为中华之崛起而读书"的豪情壮志，也是被燃烧弹燃烧了身体而纹丝不动的邱少云、四次中弹倒地仍张开双臂用身体堵住机枪眼的黄继光、手托炸药包炸碉堡的董存瑞等人对胜利的坚信……他们挺起了中华民族的脊梁。

忠党爱国就是对国家的担当。在中华民族崛起的道路上，"两弹元勋"邓稼先绝对是一颗耀眼的明珠。作为新中国两弹最重要的理论设计者之一，他为了国家机密隐姓埋名28年，用一生奉献诠释什么是"中国的脊梁"，可谓"大音希声"。邓稼先从小就在担任北大哲学教授的父亲身边长大，他的父亲邓以蛰是我国现代美学的奠基人之一，更是一位坚定不移的爱国者。邓以蛰用自己的言传身教，在年幼的邓稼先心里埋下了爱国的种子。1985年，邓稼先被诊断出患有直肠癌，第二年病情更加严重，但他仍不忘祖国的国防事业，和老搭档于敏等同志又做了一件事，这件事情成了他一生中最后一个重要的里程碑。邓稼先向中央提出并起草一份建议书，建议书指出，世界核大国的理论水平已经接近极限，并且已经可以达到计算机模拟的程度，不需要进行更多的发展，

邓稼先

因此很有可能通过限制别国试验来维持自己核大国的地位。邓稼先的远见卓识，使中国终于赶在全面禁止核试验之前达到了实验室模拟水平，为我国核武器的进一步发展奠定了基础。忠党爱国就是许多像邓稼先一样的科学家，为国家各出所学，各尽所知，殚精竭虑，奋斗终生。

忠党爱国就是对事业的担当。从人民的好公仆焦裕禄、孔繁森到模范公务员任长霞、沈浩，从人民的螺丝钉雷锋到航天英雄杨利伟，他们都出色地完成了自己的任务，是忠党爱国的好表率。无论是身处高位的干部还是普通的劳动者，都要肩负起自己的一份责任，对自己的事业尽职尽责，在自己的岗位上兢兢业业，这就是自己忠党爱国最实际的体现。

操作篇

习近平总书记指出:"要在家庭中培育和践行社会主义核心价值观,引导家庭成员特别是下一代热爱党、热爱祖国、热爱人民、热爱中华民族。"

作为孩子第一任老师的家长,怎样才能让孩子有气节和骨气,成为一个对党忠诚、热爱祖国、对社会有用的人呢?

▶ 教子智慧一

在历史故事中渗透爱国情怀

要培养孩子忠党爱国的情怀,家长平时应多给孩子讲一些历史人物精忠报国的故事,让他们看一些忠党爱国的人物的传记等,像杨家将、岳飞、文天祥、毛泽东、周恩来等著名人物的故事。家长通过绘声绘色的讲解,能将孩子带回战火纷飞的年代,让孩子明白中华文明之所以源远流长,和这些英雄人物密不可分;也能让孩子了解屈辱的中国近代史和处在那个水深火热时代的老百姓的辛酸和血泪,引导孩子不忘历史,传承红色基因，珍惜当下中国的和平与富强。

家长可以利用节假日带孩子参观爱国主义教育基地，有意识地对孩子进行党史国史教育，培养孩子爱党爱国的情感。在家庭教育中，家长应有意识地引导孩子铭记历史，学习革命前辈无私奉献、英勇斗争的革命精神，珍惜今天来之不易的幸福生活，在学习和生活中更加严格地要求自己，努力学习，以备将来为国家建设贡献力量。

▶ 教子智慧二

为孩子做忠党爱国的榜样

毛泽东有言，"榜样的力量是无穷的"。家长的一言一行都对孩子有着深远的影响，特别是父母的行为，更是对孩子有直接影响。"身教大于言传"，孩子不光听父母怎么说，更重要的是看父母怎么做。所以，作为家长，一定要谨言慎行，言行一致，发自内心地热爱国家，忠于中国共产党，对自己的言行负责，为事业担当，为国家建功，为民族蓄力，为孩子做好榜样。

梁启超是近代中国的杰出人物之一。他既是著名的政治家，又是享誉文坛的大学者。"少年强则国强"，至今仍是至理名言。梁启超的九个子女中，梁思成、梁思永于1948年入选中央研究院第一批院士，梁思礼是中国当代著名的火箭系统控制专家、中国工程院院士、国际宇航科学院院士。一门三院士，这不仅在20世纪的中国绝无仅有，放眼全球也极为罕见。梁启超成就了"一门三院士,九子皆才俊"的家教传奇。

追根溯源,梁启超自己深受传统修身治国文化的影响,他的爱国情怀和社会责任意识格外强烈,他也将这种情怀和意识自觉地传输给他的孩子们。在梁氏家书中,这种笔墨流露丰富而感人。如1916年2月,为推翻袁世凯复辟梁启超秘密离京前在家信中所言"全国国命所托,虽冒万险万难不容辞也",这种为国担道义、慨然不畏死的情怀让人肃然起敬。其他如"人生在世,常要思报社会之恩"等肺腑之言,无不表现了他的深深爱国之情。

梁启超曾经深情地表示:"孩子们将来做什么,我不强求。只要求品德高尚,做对我们这个国家有用的人。"他还说:"于社会亦总有多少贡献。我一生学问得力专在此一点,我盼望你们都能应用我这点精神。"在梁启超的九个子女中,先后有七人曾到国外求学或工作,他们在国外接受高等教育,学贯中西,成了各行各业的专家学者,完全有条件进入西方上流社会,享受优厚的物质待遇。但是,他们却无一人留居国外,都是学成后即回国,与祖国共忧患,与民族同呼吸,这都与梁启超的爱国教育密不可分。

"家长是原件,孩子是复印件。"培养孩子忠党爱国的品德时,家长不要生硬地讲大道理,而要在生活中潜移默化地做榜样。例如:通过各种途径,培养孩子对祖国山河和家乡的热爱;利用图片、歌曲、外出旅游的机会等,增强孩子内心对于祖国和家乡的感受,让孩子形成国和家的概念,知道自己是中国人,生活在美丽富饶的土地上;家长在平时的生活中注意保护环境,不乱扔垃圾,不乱刻乱画,爱护美丽的大好河山。家长平时应多让孩子体验,从视觉、听觉等多个方面,培养孩子爱国的意识和行为。

爱国爱党并不是必须去做一些惊天动地的大事。爱国就体现在生活中的一点一滴上。孩子有理想,努力学习;父母勤奋认真地工作,为国家创造财富,这都是爱国。关心国家大事,拥护支持党的方针政策,这就是爱党。

▶ **教子智慧三**

教育孩子懂得感恩和勇于担当

作为家长,要让孩子明白:忠党爱国其实是一种感恩和担当。因为祖国是生养我们的地方,所以我们要热爱她;因为中国共产党拯救了国家和民族,所以我们要忠于共产党。让孩子成为一个忠党爱国的人,就是要让孩子学会感恩和勇于担当。那么,应该如何去做呢?

让孩子学会感恩,其实就是让他们学会懂得尊重他人。当孩子感谢他人的善行时,第一反应常常是今后自己也应该这样做,这无形中就给了孩子一种暗示:要学会爱别人,尊重别人,帮助别人。

让孩子学会担当,这就要求父母在孩子面前不要"事事包办",要学会"示弱"。如果父母每件事总替孩子做好,那么孩子就没有机会自己动手。久而久之,孩子便习惯了接受。当他所有的需要都被父母无条件地满足时,他就会认为什么事情都应该先由着自己,认为别人的给予理所当然。所以父母应该学会在孩子面前"示弱",孩子能够做的事情就让孩子去做,让孩子去体验,让孩子懂得父母和别人的给予与帮助是一种"恩惠",而不是理所当然。孩子在不断的承担和体验中学会独立和担当,长大后也会成为一个对国家有用的人,一个懂得感恩的人,一个忠党爱国的人。

案例篇

【案例一】

伟大的"革命母亲"

中国近现代史上有一个了不起的家庭。这个家庭中先后出现了蔡和森、向警予、蔡畅、李富春四位了不起的无产阶级革命家,他们有一位共同的伟大的母亲——葛健豪。

葛健豪,湖南双峰县荷叶人。她是中共早期领导人蔡和森的母亲,也是"女中豪杰"蔡畅的母亲,中国妇女解放运动先驱、中国共产党第一位女中央委员向警予的婆婆。她卖嫁妆求学,创办女校,解放女权,年过半百偕子女远赴法国勤工俭学,被当时西方舆论界誉为20世纪"惊人的妇人"。她不是党员,却被破例立传于《中共党史人物传》,是其中唯一的非中共人士,人们尊称她为"女中豪杰""革命母亲"。1943年3月16日,葛健豪在双峰县永丰镇石板冲病逝。毛泽东在延安得知她逝世,提笔写了"老妇人,新妇道;儿英烈,女英雄"的挽联。

● 学习秋瑾，用革命新思想教育子女

葛健豪自小在家馆读书习字，颂诗读经。16岁奉父母之命出嫁永丰镇，与蔡寿嵩之子蔡蓉峰结婚，婚后育有六个子女。她经常教育子女要乐于助人，关心贫苦大众。在母亲的教育和影响下，蔡和森、蔡畅经常帮助他人插秧、割稻子，帮小伙伴割草、放牛，从小就和劳动人民建立了深厚感情。

女革命家秋瑾的婆家与葛健豪家相隔不远。葛健豪听说秋瑾是能文能武的巾帼女杰，几次去拜望。从她那里，葛健豪接受了一种全新的思想。她经常给儿女们讲秋瑾的事情，说秋瑾了不起，称赞她创办女学唤醒妇女的觉悟。蔡和森和蔡畅从小就从母亲的嘴里听到"革命"这个令人鼓舞的新鲜词，内心萌生了革命的嫩芽。1907年，秋瑾被害的噩耗传到荷叶乡后，葛健豪非常悲痛，带着孩子悄悄地凭吊，鼓励他们长大后要像秋瑾那样做人。

● 其志可嘉，赴省城寻求济世良策

从秋瑾那里受到革命启迪的葛健豪认定知识能够改变命运，一方面积极支持自己的子女求学，另一方面觉得要济世救民，自己也应该有知识有学问才行。于是便出现了葛健豪三代人同进学堂的新鲜事。

1913年，湘乡县立第一女校开始招生，葛健豪得到消息后，毅然卖掉部分陪嫁首饰凑足所需费用，带着蔡和森、蔡畅，还有新丧了丈夫的长女蔡庆熙及其女儿刘昂，一道去了湘乡县城。当她到县立第一女校报名时，老师见她是位裹足的妇女，年纪较大（实龄48岁），不肯让她报名。她很气愤，便让儿子帮她写了一张"状纸"到县衙告状。县官看完呈文，例行公事地说："叫什么名字呀？"葛健豪答："我原来叫葛兰英，现改名叫葛健豪，'健'就是要做改造社会的健将，'豪'就是要打倒封建豪强。"县官闻言一惊，又问："为什么要读书？"她大声回答："要寻求救国道理，男女都要读书。"县官觉得她是一位了不起的妇人，便在呈文上批了"其志可嘉"四字，令学校破格录取。就这样，葛健豪免试进了湘乡县立第一女校，与儿子蔡和森（在另一学校）同读高小班。蔡畅就读初小班，长女蔡庆熙就读缝纫班。入学后，葛健豪和儿女们一样勤奋好学。年底，学费用完了他们才返回永丰镇。

1914年，葛健豪的丈夫要把十来岁的小女蔡畅以500银元卖给财主家做童养媳。葛健豪极力反对，蔡和森在长沙知道这件事后也极力反对，三个人一致认为只有用"逃婚"的办法才能解决这个问题。于是蔡和森把妹妹蔡畅接到长沙读书。1916年，葛健豪又带着蔡庆熙及外孙女刘昂到长沙读书。葛健豪入女子教员养习所学文化，蔡庆熙入女校学缝纫和刺绣，刘昂入周南女校幼稚园。当时，蔡家祖孙三代五人一同进省城求学，一时传为佳话。

葛健豪到长沙后，如饥似渴地学习知识，探求真理。尤

葛健豪

其是儿子蔡和森与毛泽东等人结识后,葛健豪很快就成了这群有志青年革命活动的热情支持者和参与者。大家亲热地称她为"蔡伯母"。她的家成了谈论时政、交流思想的聚会场所。新民学会成立后,"蔡伯母"常当"旁听生",从中接受新思想,领悟其中的道理。

● 携儿带女,赴法国勤工俭学

1919年,在五四运动推动下,赴法勤工俭学运动达到高潮。向警予、蔡畅等发起"湖南女子留法勤工俭学会",与新民学会组织的赴法勤工俭学运动相呼应。出国经费有困难,葛健豪便利用与曾国藩外孙聂云台是亲戚和同乡的关系,通过他向裕丰纱厂借银洋600元,解决了部分人的困难。不久,蔡和森动员母亲也去,葛健豪遂与蔡和森、蔡畅、向警予等30多位学生,从上海启程赴法国留学。

葛健豪一行于1920年1月30日抵达法国。她与同去的六名女生入了蒙达尼女子公学。在法国勤工俭学的四年,在她的不凡经历中更具传奇色彩。她这个裹过足的中国妇女,像小学生一样刻苦攻读法文。虽然年纪大记忆力差,但她凭着顽强的毅力,从一个个单词学起,终于能用法文进行对话并能阅读法文报刊了。她积极支持儿子蔡和森与向警予、女儿蔡畅与李富春自由结婚,认为这是"向封建婚姻制度宣战"。葛健豪积极参加留法学生的革命活动,支持和帮助蔡和森等人在法国的建党活动。在向北洋政府驻法公使馆请愿斗争中,她与蔡畅、向警予等人走在400多名留法学生的最前列,冲进北洋政府驻法公使馆,迫使其做出让步。1922年,蔡和森与向警予先后回国参加中共中央领导工作。1923年2月,蔡畅在法国生下了小孩,葛健豪既要做工、求学、参加革命活动,还要抚养外孙女。同年秋,党派蔡畅、李富春夫妇二人去苏联学习,她才带着外孙女李特特辗转回国。

葛健豪积极投身湖南妇女解放运动。1924年6月9日,她参加湖南省女界联合会恢复成立大会,参与了女界联合会简章和宗旨的讨论、制定工作。1925年夏,她又在长沙颜子庙办起了一所平民女子职业学校。学校开办时只有两个班,后来增至四个班。这所学校与共产党关系密切,成了革命者的活动场所。葛健豪为党组织传递信件,担负党组织的接头任务,还让党内的许多同志在校内寄住,许多学员毕业后成了革命者。"马日事变"后,学校的一些革命者身份暴露,学校因此遭受破坏而停办。

● 英烈母亲,归桑梓心系革命

葛健豪归国后,先在长沙安家。大革命失败后,她辗转至武汉、上海,掩护她的孩子们干革命。1925年和1928年,她的二儿子蔡麓仙与三儿媳向警予先后为革命牺牲,蔡和森与蔡畅把母亲送回了老家永丰镇。1931年,蔡和森在广州壮烈牺牲,家人怕她伤心,一直未让她知道。

1943年3月16日,葛健豪在永丰镇石板冲与世长辞,享年78岁。临终前,她还不知道蔡和森已经为革命壮烈牺牲,问长女蔡庆熙:"和森、咸熙(蔡畅)有信回没有?"她让长女写信告诉他们:"母亲已看不到你们事业的成功了。但革命一定会胜利的!"

【启示】葛健豪老人以毕生的革命实践培育了"献身革命，忠党爱国"的蔡式家风，蔡式家风影响和塑造了四位叱咤风云的无产阶级革命家，他们为党的事业的发展做出了重大贡献。在蔡母葛健豪身上集中体现了中华女性的优秀品质和传统美德，她既是优秀的女教育家、妇女运动的先驱，也是伟大的革命母亲，值得我们永远尊敬和怀念。

【案例二】

好家风是忠党爱国的"涵养地"

刘奉阁，1937年9月25日出生在山东省汶上县康驿镇刘庄村一个普通的贫困家庭。1964年，刘奉阁大学毕业后被分配到宁阳工作。他提出了下基层营业所服务锻炼的申请，理由很简单：吃饱饭了，上了学了，自己要走到群众身边为群众服务，以此报答党的恩情。

参加工作，实现了母亲久久盼望的孩子长大成才报效祖国的梦想，这时候的刘奉阁无疑是兴奋的，感觉有了为人民服务的机

刘奉阁坚持活到老学到老，每天抽出两个小时学习充电

会，对未来、对生活充满希望。于是，他处处以雷锋为榜样，一门心思扎到工作上，不分工作日与节假日。在东疏公社工作的两年里，他微薄的工资除了支付生活费外，其余的全部用在了扶贫救灾、助学和给困难孤寡老人治病上，每月供应的八斤白面几乎也都送给了老幼病残者……他赢得了群众的爱戴，被誉为"活雷锋"。参加工作的第二年，他就加入了中国共产党，同年被提拔为县人民银行副行长，还被评为山东省劳动模范。"做人要知恩、报恩，报娘的恩，报党的恩。现在成了一名党员，我要带头报恩。"1965年7月1日，刘奉阁入党时这样说，虽不是豪言壮语，却掷地有声。

习近平总书记要求党员"忠诚一辈子，奉献一辈子"。刘奉阁认为：忠党爱国，是共产党人的鲜明政治品格；作为一名共产党员，最大的政德就是忠党爱国，要在党言党，在党爱党；对党忠诚要做到"绝对"二字，对党高度信赖，做到一辈子热爱党，拥护党，永远跟党走。

忠不忠看行动。不忘初心，方得始终。刘奉阁自1965年入党半个多世纪以来，不论干什么或到什么地方，始终坚持理想信念，一心一意跟党走，全心全意为人民服务，做到了离岗不离党，退而不休，54年不间断地做好事。他先后为汶川、玉树大地震捐款，为敬老院孤寡老人捐款，为家乡修路及修缮家乡的刘氏宗祠捐款，并缴纳特殊党费五万余元。2016年他还组织建立了爱心捐款基金会，率先垂范，带头志愿捐款5000元。忠党爱国的优秀家风影响了刘家几代人。他的弟弟刘奉业响应保卫祖国的号召，18岁就入伍当兵，成为军团神枪手和优秀士兵，多次立功获奖。现在刘奉业已从新疆生产建设兵团退休多年，在山东卫视上看到自己的大哥刘奉阁建立的"宁阳县奉阁志愿团"向社会爱心捐款的报道后,年近八旬的他主动从新疆寄来2000元,加入了宁阳县的爱心基金会。

一个党员就是一面旗帜。刘奉阁最注重的是为党树立良好形象,永葆共产党人的政治本色,让群众都感受到共产党好,都说共产党好,跟党走。2002年至2004年,也就是刘奉阁退休后在老家伺候瘫痪在床的母亲的三年时间里,他利用早晚空余时间,用自行车和小推车为村里修了三条路,济宁电视台以"退休劳模修路便乡邻"为题给予报道。一天,刘奉阁正在推着小推车修路时,突然有一辆农用三轮车停在他跟前,开车的司机竖起大拇指说:"您老人家保管是一名老共产党员!"听了这句话,刘奉阁从心里高兴,高兴自己能为党争光,为党旗添彩。为民者得民心,刘奉阁获得了乡亲们的广泛赞誉,去年村支书和乡亲们给他送来了"大善人刘奉阁"的功德匾,现在还挂在他的书房。

用好家风,成风化人。刘奉阁不仅是忠党爱国家风家训的践行者,还是忠诚的传承者。近年来,他撰写了《论忠党爱国》《不忘初心,永葆忠诚》《传承家风家训,做新时代的奋斗者》等20余篇约三万字的宣讲材料,先后在"奉阁志愿团"道德讲堂、县第一小学、乡镇社区各地宣传,引领更多的人来传承发扬忠党爱国的良好家风。他组建的"夕阳艺术团"以戏曲演唱为载体,自编自演贴近老百姓身边生活的故事,传递好家风。他参与并组织在团队和院区开展寻找"最美家庭""最美志愿者"和"身边好人"的评比活动,弘扬良好的家风和爱国主义精神,倡导大家把爱家和爱国统一起来。

习与智长，化与心成。好家风家训能内化为强大的道德力量，润物细无声地影响人的一生。刘奉阁的父亲一生忠党爱国，听党的话。在解放战争鲁西南战役中，父亲置生死于不顾，主动到前线抬担架，给孩童时的刘奉阁做出了忠党爱国、不怕牺牲的榜样。父亲经常给他们讲战争的故事、英雄的故事，使他从孩提时就产生了对正义的向往、对向善的追求。他父亲担任村农会长负责土地改革工作时，就谆谆教导他："今天打倒地主分田地、吃饱饭，都亏了共产党，还是共产党好，咱要世世辈辈不忘党的恩情，忠党爱国，跟党走。"父亲虽然故去几十年了，但父亲的教导却时时萦绕在他的耳边。也就是从那时候起，他始终相信党、信任党、拥护党，觉得天下共产党最好，爹娘的恩情还好报，党的恩情报不完。几十年来，报恩之心成了他积极向上多做奉献的动力。所以他从参加工作第一天起，就立下了"做人以德为本，奉献为先"的座右铭。如今80多岁了，他又立下了"活着一分钟奉献60秒"的誓言，一生报答党的恩情。参加工作后的50多年，不论是顺境、逆境，还是在岗和退休后，他信仰党、忠于党的坚定信念，也从来都没动摇过，改变过。

刘奉阁老人所做的一切离不开家人的支持和理解。他的爱人和孩子们是最好的见证者和支持者。他家客厅最显眼的墙面上挂着一幅特殊的毛主席像，那是刘奉阁自己20世纪60年代一针一线绣成的。画像两侧配了字，左边是"奉献"，右边是"奋进"。他用这种行动告诫自己，同时也在提醒孩子们：要永远为党的事业奉献全部的力量。

【启示】刘奉阁老人这一辈子，之所以能够不忘初心，牢记使命，成为一个永不停步的奉献者，耄耋之年荣登"中国好人榜"，追根溯源，还是他幼年时受忠党爱国家风的影响。这让他终身受益，每天能够忘记年龄、忘记病痛，精神百倍地去奉献、去给予，并乐此不疲。

传承篇

赵一曼被押上开往刑场的火车时给儿子写的遗书

宁儿：

母亲对于你没有尽到教育的责任，实在是遗憾的事情。母亲因为坚决地做了反满抗日的斗争，今天已经到了牺牲的前夕了！母亲和你在生前是永远没有再见的机会了。希望你，宁儿啊！赶快成人，来安慰你地下的母亲！我最亲爱的孩子啊！母亲不用千言万语来教育你，就用实行来教育你。在你长大成人之后，希望不要忘记你的母亲是为国而牺牲的！

——1936 年 8 月 2 日你的母亲赵一曼于车中

囚　歌

为人进出的门紧锁着，
为狗爬出的洞敞开着，
一个声音高叫着：
爬出来吧，给你自由！

我渴望着自由，
但我深深地知道——
人的身躯怎能从狗洞子里爬出！

我希望有一天，
地下的烈火，
将我连这活棺材一齐烧掉，
我应该在烈火与热血中得到永生。

——叶挺在渣滓洞写的诗歌

我的"自白"书

任脚下响着沉重的铁镣，
任你把皮鞭举得高高，
我不需要什么自白，
哪怕胸口对着带血的刺刀！

人，不能低下高贵的头，
只有怕死鬼才乞求"自由"；
毒刑拷打算得了什么？
死亡也无法叫我开口！
对着死亡我放声大笑，
魔鬼的宫殿在笑声中动摇；
这就是我——一个共产党员的自白，
高唱凯歌埋葬蒋家王朝。

——陈然在渣滓洞写的诗歌

（本编执笔：宁阳县教育局　朱爱清
　　　　　　宁阳县第一中学　王　鹏）

第二编 遵纪守法

通过推进家风建设,进一步倡导遵纪守法的家风。大力弘扬宪法精神和社会主义法治精神,以遵纪守法为荣,以违法乱纪为耻,自觉尊法、学法、知法、用法,从点滴做起,不乱纪、不违法,拒绝黄赌毒,不参与迷信和邪教活动,做遵纪守法的公民。

各级领导干部要教育亲属子女树立遵纪守法、艰苦朴素、自食其力的良好观念,明白见利忘义、贪赃枉法都是不道德的事情,要为全社会做表率。

——2016年12月12日习近平在会见第一届全国文明家庭代表时的讲话

理念篇

"夫法者,天下之准绳也,人主之度量也。"(《文子》)。"没有规矩不成方圆",修身如此,齐家亦如此。法律在社会中是一种权威,人们需要参照它来生活;法律是一道屏障,是那些弱小的人温暖的家,他们的利益在这里得到了保障;法律更是一条粗大的铁链,它紧紧地绑住违法乱纪分子,让他们无法在社会上胡作非为。人人守法纪,凡事依法纪,则社会安宁,经济发展,家庭幸福。

国无法不治,民无法不立。2014年10月23日,在十八届四中全会第二次全体会议上,习近平总书记在讲话中指出:"小智治事,中智治人,大智立法。治理一个国家、一个社会,关键是要立规矩、讲规矩、守规矩。法律是治国理政最大最重要的规矩。"人人守法纪,凡事依法纪,则社会安宁,经济发展。倘若没有法纪的规范,失去法度的控制,各项秩序就无从保证,人们生存、发展的环境就会遭到破坏,人民群众就不可能安居乐业。没有家教的人更容易违法乱纪,甚至锒铛入狱,这与其从小不学习法律、不懂得法律有关。要建设高度文明、高度民主的社会主义国家,实现中华民族的伟大复兴,就必须使全社会形成"以遵纪守法为荣、以违法乱纪为耻"的社会主义道德观念,让遵纪守法成为每个家庭成员的荣耀。

法律法规与我们每个人息息相关,无论是在家庭生活还是社会生活中都是如此。在家庭教育中,我们要教育引导孩子自觉遵法、学法、知法、用法,从点滴做起,不乱纪、不违法,拒绝黄赌毒,不参与迷信和邪教活动,做一个遵纪守法的公民。法国的泰·德萨米在《公有法典》中说:"这些神圣的法律,已被铭记在我们的心中,镌刻在我们的神经里,灌注在我们的血液中,并同我们共呼吸;它们是我们的生存,特别是我们的幸福所必需的。"父母要教育孩子从小遵纪守法,不要等到孩子误入歧途才觉得遗憾。近几年,青少年违法犯罪刑事立案比例一直居高不下,特别值得注意的是,14~18岁的少年犯案率上升较快。"人之初,性本善",这些孩子曾经天真无邪,如同一张白纸,他们的人生为什么变得如此扭曲?归根到底,是家庭教育中遵规守纪教育的缺失。

只有遵纪守法才能获得自由。马克思曾经讲过:"法典就是人民自由的圣经。"遵纪守法是遵从规律的表现,是聪明睿智的表现。逆法而动,越规而行,不是什么勇敢的举动,恰恰是无知和愚昧的表现。这种无视实践经验、无视客观规律的行为,绝不会带来什么好的结果,终究难逃法规法纪的制裁。"家是最小国,国是千万家",每一个家庭,都应营造一个健康、积极、向上的好家风,教导子女遵纪守法,做一个知法守法的好公民。

操作篇

据调查，很多家庭不懂得如何教育孩子遵纪守法，管教无方，更谈不上法治教育；家长对孩子百依百顺，有求必应，使孩子从小养成了为所欲为的坏习惯；父母思想不健康，自身就缺乏法治意识，甚至家人就有违法乱纪现象。古人说："没有规矩，不成方圆。"在家庭教育中，让孩子从小学会遵守人生道路上法律法规的"红绿灯"，对于他们的健康成长是很重要的。因此，父母应让孩子从小树立正确的人生观、价值观，教育孩子遵纪守法，遵守社会公德。这样，今天做好孩子、好学生，长大走向社会后，才会成为好青年、好公民。这是父母期待的，也是整个社会所期待的。因此，每一位家长都应当充分认识到让孩子从小遵纪守法的重要性。

家长教育孩子遵纪守法，应该注重哪些方面？

◆ 教子智慧一

家长以身作则，建设文明家庭，做守法的模范

首先家长要以身作则，给子女树立好的榜样。家长及主要家庭成员必须以遵纪守法的模范行为做子女的表率，以良好的家风熏陶子女。孩子生活在法律意识浓厚的氛围中，就会潜移默化地接受法制教育。如果家长自身法制观念淡薄，常常打一些法律、法规的"擦边球"，甚至还有一些轻微的违规违法行为，那么孩子的法律意识也不可能增强，时间一长，法律、法规对其的约束力就会淡化。所以，做父母的应该懂得既要言传，更要身教，一言一行都要严格要求自己，不给孩子造成不良影响。针对孩子和家庭实际，制订一些家规，并让孩子切实遵守，这对孩子养成遵纪守法的习惯是很重要的。家规制订后，父母要率先垂范，以自己的行为来影响、教育孩子。家长要以健康的思想、品行教育孩子，要关心孩子心理、意志和品格的培养，引导他们进行有益身心健康的活动，预防和制止孩子吸烟、酗酒、赌博等。据调查，目前在少年管教所或工读学校的违法犯罪青少年中，大部分是因为中了"黄毒"不能自拔而走向邪路的。所以家长尤其要注意防止不良思想对孩子的影响，教育孩子并采取相应措施防止孩子看不健康书籍、音像制品等，保护孩子的心理健康。

教子智慧二

积极配合学校，让孩子养成遵规守纪的好习惯

家校共育是让孩子建立规则意识非常重要的方式。我国的《中小学生守则》《中学生日常行为规范》《小学生日常行为规范》对中小学生良好习惯的养成，以及学校良好校风、学风的

形成起了重要作用。除此之外，还应要求学生遵守《公民道德实施纲要》。父母要让孩子知道：相关的守则和规范是学校这个集体的行为准则，每个学生必须遵守，切不可任性。家长平时要注重教育孩子遵守公共秩序，遵守社会公德，经常给孩子讲一些社会公德常识和公共生活、公共场所的有关规定，帮助孩子从小树立社会公德意识，养成遵守公共秩序的良好习惯。

督促孩子树立认真遵守校纪校规的规范意识。教育孩子按时上学，不随便缺课，不迟到、不早退、不骂人、不打架，尊敬老师、友爱同学，爱护学校的一草一木，不损坏公物，不随便拿别人的东西和要别人的东西。

在日常生活中，父母要做孩子的表率。父母经常与孩子一起外出，这是教育的良机。如上下车时，教育孩子讲秩序，先下后上、不拥挤，主动给老人、残疾人、孕妇让座；到影院看电影，叮嘱孩子不随便走动，不喧哗；逛公园，提醒孩子不乱扔垃圾。

教会孩子一些交通安全常识。红灯停、绿灯行，过马路走人行横道，不翻公路两边的护栏，不在公路、铁路边玩耍，不挪动、损坏交通安全标志，不在公路上滑旱冰，参加公共活动要遵守秩序不能拥挤，等等，让孩子从小树立安全意识，珍惜生命。如果孩子违反了社会公德、校规、校纪，要及时进行批评教育，不可包庇和纵容。

教子智慧三

家长及时发现孩子的不良苗头，做到防患于未然

家长要注意孩子平时言行中的不良苗头，做到防患于未然。平时多观察孩子的表现，如果发现了不良苗头，及时与孩子谈心，了解情况，采取相应的措施，预防孩子走上邪路。哪些现象值得关注呢？学习成绩突然大幅度下降，无心向学；情绪反常，烦躁、闹脾气或沉默寡言、忧心忡忡；花钱很多很随便；经常有不熟识的人来找，不按时回家……家长要做有心人，不要忘了观察孩子。当然，也不可随便怀疑孩子，要多动脑、慢开口。不良交往是导致孩子落后甚至违法犯罪的一个重要因素。因此家长要特别注意引导孩子多交些品学兼优的朋友。发现孩子有不良交往尤其是与社会上不三不四的朋友交往时，不能掉以轻心。家长还要经常关注孩子的生活，如孩子从外面带回什么东西，家长要及时追问来历；孩子从外面买回什么东西，而家长未给孩子这笔钱，当父母的应该追问钱的来历……千万不能因贪占小便宜而忽略孩子所做的错事，那样会害了孩子。

教子智慧四

家长配合社会进行法治宣传教育

家长要积极主动地配合社会的法治教育和执法实践。通过与孩子一起看报纸、听广播、看电视，让孩子关注社会生活。

普法教育宣传

如观看《焦点访谈》《东方时空》《社会与法》《今日说法》《新闻联播》等节目，通过这些媒体报道的遵纪守法、遵守社会公德或违法乱纪、违背社会公德的例子，让孩子受到法治教育。这种直观、生动的画面和故事，能直接感染孩子，使他们幼小的心灵受到震撼。各种新闻媒体所报道的社会上开展的严厉打击重大刑事犯罪的活动，以及违法犯罪的典型事件的执法过程和家庭周围出现的违法事件，都会对孩子起到一定的法治教育作用。家长应利用这些材料，采取通俗易懂、孩子喜闻乐见的形式具体地宣传法律知识。同时注意把法治宣传教育与道德教育结合起来，与公民的权利和义务教育结合起来；把自觉守法与法律制裁的教育结合起来，培养子女的法治观念和守法意识，让孩子学会按照法律的要求去分析、判断各种社会现象，从而决定自己赞同什么，反对什么。有条件的家长可以有针对性地向子女介绍法律知识，讲解法律条文，例如《宪法》《教育法》《国旗法》《国徽法》《未成年人保护法》《环境保护法》《治安管理处罚条例》《中华人民共和国道路交通管理条例》《中华人民共和国刑法》等有关内容，使孩子掌握一些法律知识，认清什么是合法的、什么是违法的，明确什么该做、什么不该做，清楚守法与违法的界线。

　　总之，孩子年龄小，接受新事物的能力强，正是对他们进行法治教育的适当时机。使孩子从小养成学法、知法、守法的好习惯，这样他们长大后，才能成长为一名合格的乃至优秀的公民。良好的家风不是一朝一夕就能够形成的，它是一个家族良好品德长期积累与沉淀的结果，也是一个家族祖祖辈辈优秀品质长期潜移默化的结果，需要家族成员一代又一代地传承，一代又一代地坚守。

案例篇

【案例一】

孤独温暖的人生

戴 红

我们姐弟工作之余,常常去看望父母,特别是去看望母亲。她几乎不出门,做饭,吃饭,喝茶,睡觉,看电视,几乎是她全部的生活。

近一两年,她身体也瘦弱了,再也不是青壮年时泼辣能干、雷厉风行的样子了。

我们姐弟知道,我们的今天,我们的成长,包括从小就是孤儿的父亲今生的命运和幸福,所有一切都与母亲有关。四五十年来,她给我们缔造的家风,对我们的影响,是极正极深刻的。

母亲为人的标准,成为我们的家风,影响着我们姐弟四个的成长。

退休前,母亲是本地人民剧院的经理兼党支部书记,如今她是一位有着近四十年党龄的老党员。

母亲善良，一生与人为善。

记得近三十年前，上大学的我放寒假在家。快过年了，一天母亲带回来两套新童装和几包点心。她用提包装好后，递给我说："给小颜家送去，衣裳是给他两个小孩的，点心是给他家老人的。"那时我家生活并不宽裕，见母亲这样大方，我颇有微词。她脸色严厉地轻斥了我一句，并说："小颜不容易呀，两个孩子，还有老人，昨天给咱送来一提绿豆粉皮。"我笑着说："绿豆粉皮值多少钱，是他老家的土特产，你回送他这么多。"母亲再次轻斥我，说："咱不能要人家的东西，这样回送一次，他以后就不会送礼了。"

这下我明白母亲的苦心了，为自己的言语不当而惭愧。母亲不止善良，还公正廉洁。那时母亲是剧院经理，和职工一起开发了一排临街的商业门头房。商户为了长期租赁或出于其他考虑，会给母亲送些土特产，母亲总是能拒就拒，实在拒不了的，就让我们姐弟代她回送一份价值翻倍的礼品。这样几次下来，商户知道了母亲的为人，再不会因偏见而打扰母亲了。

记得后来母亲曾如释重负地说："什么时候，别管你做什么，都不能贪别人的东西。收人家一点，一定要加倍还回去。"

这么多年，我们姐弟恪守母亲的信条，从没有占便宜的思想，而且一直信奉礼尚往来，如此才能心安。

不只别人的东西不能占，公家的东西更不能占。

记得我四五岁时，母亲还在白马供销社工作。供销社大院里不知何时突然多了一座小山一样的地瓜干堆。我和小伙伴们看着兴奋，爬上爬下。我回家找了一个柳条编的染成黄色的玩具小篮子，盛了满满一小篮地瓜干提回了家。刚到家，我就被母亲训斥着拧着耳朵送回去了。母亲边拧我的耳朵边问:"改了吗?公家的东西还敢拿吗?"

孩提时候的哭声和疼痛让我铭记一辈子。母亲一句"公家的东西不能拿",在我们姐弟心头如警钟长鸣。

小时候的教育形成的观念最能影响人的一生。几十年过去了,我们姐弟四个成长为教师、医生、警察、法官,各自在自己的工作岗位上努力钻研、上进,取得了一些或大或小的成绩,也收获了许多认可和荣誉。我想,如果没有母亲对我们从小的影响和教育,也许我们的成长不会这样顺利。

与人为善、公正廉洁、自强自立、爱岗敬业,母亲用她的实际行动践行了一个共产党员的品行和信条,也为我们家树立了纯正的家风。

芝兰之香淡泊久远,家风如兰可世代相传。

【启示】文章的作者赞扬了母亲与人为善、公正廉洁、自强自立、爱岗敬业的精神。文中,"母亲"用身边的事例教导孩子。这启示我们,遵纪守法就在日常生活中,要从小事起,做到遵纪守法。当商户向当经理的母亲送礼品时,母亲总是百般回绝,或者是想尽办法"回礼"。她通过身边发生的事情告诉孩子,收别人的东西就是违纪。不只别人的东西不能占,公家的东西更不能占。"我"因为年幼贪吃,拿了一点公家的地瓜干,被母亲严厉斥责,"孩提时候的哭声和疼痛让我铭记一辈子""小时候的教育形成的观念最能影响人的一生。"在纯正家风的熏陶下,作者姐弟四人在各自的工作岗位上兢兢业业,遵纪守法,克己奉公,均取得了不小的成绩。

在 2016 年 1 月的中纪委六次全会上,习近平语重心长地叮嘱,家里那点事"要留留神,防微杜渐,不要护犊子"。否则,"触犯了党纪国法都要处理,而且要从严处理"。广大领导干部要从严"齐家",立好家规、树好家风,严格教育和约束配偶、子女、亲友、秘书等"身边人",要遵纪守法,不搞特殊化、不收他人财物、不干预经济活动、不插手人事安排,切断"权力寻租"和"利益输送"的一切通道,对苗头性、倾向性问题及时提醒,对违法乱纪行为严肃处理,做到防微杜渐,决不养痈遗患。

而反观新闻报道上的一些领导干部子女的贪赃枉法问题,多是因为家风不正。"家风败坏往往是领导干部走向严重违纪违法的重要原因。"习近平的这句话,直指要害。"党员领导干部务必珍惜权力,管好权力,慎用权力。正确行使权力,掌权为公、用权为民,则群众喜、个人荣、事业兴;错误行使权力,甚至滥用权力,掌权为己、用权于私,则群众怨、声名败、事业损。"

【案例二】

李天一案敲响家庭教育警钟

2013 年 7 月,著名歌唱家李双江之子李天一涉嫌犯罪一案,一时间成为媒体关注的焦点,网络上更是掀起了新一轮关于富二代、官二代、星二代的批评热潮。这是李天一第二次"进宫",第一次是在 2011 年 9 月,李天一因小区纠纷打人事件被拘留。事后,其父李双江前往医院探望伤者并道歉,表示愿意承担全部赔偿和损失，最终李天一被劳动教养一年。李天一出来后不到半年时间，再一次涉嫌犯罪，引发了我们对家庭教育的思考。

翻阅李天一的履历可知，他曾先后就读于北京海淀区中关村第三小学、中国人民大学附属中学、美国沙特克圣玛丽学院。李天一从小学习音乐，四岁时被选为中国申奥形象大使。他四岁学习钢琴，八岁学习书法，均师从名师，十岁时加入中国少年冰球队，真可谓文武双全，多才多艺。可是这样一个孩子为什么会一再闯祸呢？李双江、梦鸽夫妇只注重对孩子技能的培养，忽视了品行道德方面的教育，结果李天一头上的光环越来越亮，但是品行却越来越低下，最终导致了犯罪事件的发生。毫无疑问，李双江夫妇对孩子的教育出现了问题。家庭教育的成功与否与家长的学历、地位、财富、名誉无关。如果没有正确的家庭教育为孩子的成长保驾护航，无论孩子小时候多么可爱，他能否真的成长为一名合格的社会成员仍旧是一个未知数。只有家长真正投入，学习家庭教育的正确理念和方法，和孩子一起成长，才能确保孩子成为一个合格的人。过度溺爱孩子，对孩子有求必应，没有原则，没有章法，只重视技能的培养，忽视最基本的公民道德法治教育，没有教会孩子怎么做人，是李天一案留给社会的思考。

【启示】李天一案在很大程度上折射出当今父母在对孩子的遵纪守法教育方面存在诸多问题。有关调查显示，未成年人犯罪与家庭遵纪守法教育的缺失有关。李天一第一次打人事件发生后，李双江曾表示宁愿伤者打他一顿，其护犊情结可见一斑。

新时代　新家风　育新人

李双江对儿子特别溺爱，儿子小时给他当马骑，长大后给他买豪车。溺爱中成长起来的孩子往往会过于以自我为中心，心中没有他人；一旦愿望受阻遇挫，就可能付诸暴力。父母的溺爱往往会使孩子缺少规则意识，做事没有边界感和底线。法律是一种规则，告诉我们什么事情可以做，什么事情不可以做。从小学法，知法，守法，尊法，才能远离违法犯罪。家长应该对孩子从小灌输法治观念，"勿以善小而不为，勿以恶小而为之"，使他们学会在法律规定的范围内行事，从小做一个遵规守纪的模范公民。人，生长于家庭，行走于社会，人的社会属性要求我们一定要做遵纪守法的公民。法网恢恢，疏而不漏，无论是谁，只要犯下罪行，等待他的都将是法律的公正裁决。

传承篇

后世子孙仕宦，有犯赃滥者，不得放归本家；亡殁之后，不得葬于大茔之中。不从吾志，非吾子孙。

——摘自《包拯家训》

〔**大意**〕后代子孙做官的人中，如有犯了贪污财物罪而被撤职的人，不允许进家门；死了以后，也不允许葬在祖坟。不顺从我志愿的，就不是我的子孙后代。

为人母者，不患不慈，患于知爱而不知教也。古人有言曰："慈母败子。"爱而不教，使沦于不肖，陷于大恶，入于刑辟，归于乱亡。非他人败之也，母败之也。自古及今，若是者多矣，不可悉数。

——摘自《家范》

〔**大意**〕为人之母，不怕不慈祥，怕的是只知道疼爱子女而不懂得去教育子女。古人说："慈母败子。"母亲，溺爱子女却不能教育子女，使子女沦为坏人，陷入劣迹恶行，最终受到惩罚，引出祸乱，自取灭亡。并非他人毁了他，恰恰是做母亲的害了他。从古到今，这样的例子太多了，不可胜数。

（本编执笔：宁阳县第二小学　薛克干）

第三编 勤学上进

通过推进家风建设,进一步倡导勤学上进的家风。大力弘扬重视学习、崇尚知识的理念,引导家庭成员自觉树立终身学习意识,养成良好的学习习惯,通过学习立身立德、增智强能。

学习是文明传承之途、人生成长之梯、政党巩固之基、国家兴盛之要。

——习近平

理念篇

勤学,指努力学习。《东观汉记·桓荣传》有云:"荣少勤学,讲论不怠,治《欧阳尚书》。"韩愈《进学解》也提出:"业精于勤荒于嬉,行成于思毁于随。"古人告诫我们:事业或学业的成功在于奋发努力,勤勉进取,贪玩、放松要求便会一事无成;做事情要想成功,需要反复思考、深思熟虑,而随随便便行事,做事不经过大脑,必然招致失败。唐代颜真卿《劝学诗》亦云:"三更灯火五更鸡,正是男儿读书时。黑发不知勤学早,白首方悔读书迟。"自古以来,勤学的人数不胜数,刻苦勤学历来是中华民族的优良传统。

上进即进取,指不满足于现状,坚持不懈地向新的目标追求。人类如果没有进取心,社会就会停滞不前,无法发展,正如鲁迅先生所说:"不满是向上的车轮。"社会之所以能不断发展进步,一个重要的推动力量,就是我们拥有这只"向上的车轮",即我们常说的进取之心。具有进取心的人,渴望有所建树,会争取更大更好的发展;他们为自己设定较高的目标,勇于迎接挑战。勤学是为了上进,要上进必须要勤学。可见,上进者必有勤学精神,勤学者必有进取之心。

勤学要求我们抓零取碎地学习，勤学的过程是滴水成池的过程。每个人都希望自己事业有成，但有的人认为自己天资不如别人，难以成事。事实并非如此。一个人天资再高，如果不勤学上进，绝干不成大事业；相反，一个人尽管天资一般，如果能勤奋学习，刻苦用功，则必出成果。如被列为七十二贤之首的颜回，在孔子眼中不是最出众的，也不是最聪明的，但他一生勤奋好学，追随孔子完成了列国游历。另外，勤学要有重点、有目的、有恒心。学习的内容也要朝着一个方向，由浅入深、由易到难地进行，并且"勤"要贯穿始终。天才在于日积月累，聪明在于勤学不辍。

纵观历史，大凡有成就的人，都具有勤学上进的精神。例如凿壁偷光的匡衡。匡衡是西汉时期一个穷苦人家的孩子，从小喜欢读书，但因家穷，没钱进学堂念书。他白天帮人家干活，晚上在家读书。但家里穷，没钱买灯油，为此他十分苦恼。一天晚上，他瞧见邻居家的灯光，心想：在自家的墙壁上悄悄地凿开一个小洞，让灯光照射过来，不就可以读书了吗？从此以后，他每晚都面对洞口，手捧书本，借光夜读。他偷光苦读，终于成才，汉元帝时做了丞相。另外，他还是西汉时期著名的经学家。

"立身百行，以学为基。"学习，是一个人成长进步的阶梯，是一个人走向成功的基础；学习，是社会发展的不竭动力，是人类从无知到文明的必然途径。历史上，孙敬、苏秦、祖逖等不同朝代的人物同样因为勤学，在历史的长河中熠熠生辉。近代以来，周恩来"为中华之崛起而读书"、文学家鲁迅在课桌上刻的"早"字等治学勤学的典范，无一不深深地打动我们，成为我们学习的典范。

青年人更应该发奋苦学。2014年五四青年节,习近平在同北京大学师生座谈时的讲话中,谈及广大青年如何树立和培育社会主义核心价值观时,把勤学放在第一位。他说:"要勤学,下得苦功夫,求得真学问。知识是树立核心价值观的重要基础。""大学的青春时光,人生只有一次,应该好好珍惜。为学之要贵在勤奋、贵在钻研、贵在有恒。"爱因斯坦说:"成功是百分之九十九的汗水和百分之一的灵感。"勤学上进的重要性可见一斑。

我们中华民族是个有着勤学优良传统的民族,一代又一代的中华儿女在这一传统美德的熏陶下,不断学习进步,不断成长发展,一直走到今天。习近平在《之江新语》中指出:"我们一定要强化活到老、学到老的思想,主动来一场'学习的革命',切实把外在的要求转化为内在的自觉,让学习成为自己的一种兴趣、一种习惯、一种精神需要、一种生活方式。"

操作篇

怎样营造勤学上进的家庭氛围呢？当下，不少家长都有望子成龙、望女成凤的迫切心理，但是又把这一希望全部寄托于学校、老师，忽视了良好的家庭风气给孩子带来的潜移默化的影响。吕思勉先生在《中国文化史》中说："现在所谓教育，其意义，颇近乎从前所谓习。习是人处在环境中，于不知不觉之间，受其影响，不得不与之俱化的。所谓入芝兰之室，久而不闻其香；居鲍鱼之肆，久而不知其臭。"太多的父母要求孩子勤奋学习，不让孩子输在起跑线上，但自己却从不读书看报，把业余时间都用到了酒桌和手机上。父母是孩子的第一任老师，父母的言行是孩子的一面镜子，无论是好是坏，对孩子都有着潜移默化的作用。因此，父母想让孩子爱上学习，必须树立终身学习观，以身作则，言传身教，把学习当成家庭生活的一部分，与孩子一道，共同营造一种温馨和谐的家庭学习环境，使学习成为家庭文化的符号之一。

▶ 教子智慧一

创造一个良好的家庭外部学习环境

家是温馨的港湾,它不仅是家庭成员休息的场所,也是孩子学习的主要场所之一。良好的学习效果要以一个安静的、不受干扰的学习环境为基础条件。父母在布置家庭房间时,应该把孩子学习的环境作为一个重要因素来考虑。布置的房间要整洁、明亮,不要有繁杂的装饰,简洁舒适即可。电脑和电视不要放在孩子的房间,玩具要收起来放到柜子或箱子里,以免孩子在学习的时候分散注意力。学习用的桌子上,尽量做到没有其他杂物,防止孩子手里玩小物件。没有条件的情况下,最好准备一个学习角,让孩子有一个安心学习的地方。

俗话说得好,"环境造就人"。环境能影响人,能熏陶人,也能潜移默化地改变一个人。环境能从多个侧面直接或间接地影响孩子的成长和发展,并影响孩子的思想道德行为。另外,孩子的学习角有了,家长也要以身作则,不在旁边看电视、玩手机、大声谈笑,以免干扰孩子,让孩子难以静下心来学习。古代曾有"孟母三迁",从"其舍近墓"到"迁居市旁",最后徙居"学宫之旁",终于使孟轲在学宫的影响下,学有所成,成长为儒学学派代表性人物之一。

环境对孩子往往具有难以磨灭的影响。孩子在独立走向社会之前,有一多半的时间是同家长一起生活在家庭这个大环境中,因此,帮助孩子健康成长,父母是责无旁贷的。家长应努力营造有利于孩子学习和成长的良好家庭外部环境，这样才能使孩子养成追求理想、积极向上、勤奋好学等好习惯，为孩子未来成才提供保障。

◆▶ 教子智慧二

营造一个终身学习的内在家庭氛围

先贤庄子曾说："吾生也有涯，而知也无涯。"这说明了终身学习的重要性。终身学习是指社会中的每个成员为适应社会发展和实现个体发展的需要，贯穿一生的、持续的学习过程。父母是孩子的第一任老师，也是孩子最好的老师，父母的一言一行对孩子都有巨大的影响。父母勤学上进，在工作之余坚持读书学习，刻苦钻研，不断地充实自己，不仅能为孩子树立学习的榜样，也在无形中向孩子传达这样一种观念：学习是一件很重要的事情，学习是每个人成长的必经之路，工作以后也有很多东西要学；学习是一种生活，是一种生活方式。在这种潜移默化的影响下，孩子会在不知不觉中树立终身学习的意识。

近朱者赤，近墨者黑。对于很多不爱学习或学习吃力的孩子来说，家庭氛围的影响非常关键。父母在教育孩子热爱学习的同时，一定别忘了审视自己，反思家庭文化环境对孩子的影响。因此，父母要以身作则，率先学习，在家中营造爱学习的氛围，成为孩子学习的榜样。

家庭教育专家指出，孩子在家庭中受到父母的关心、指导越多，就越有利于良好个性的形成与发展，也越有益于学习兴趣和学习能力的提高。有了父母的指导和陪伴，孩子的学习、生活都会向好的方面发展。所以，父母要以科学的教育方法及自身的示范榜样作用，来培养孩子从小就热爱学习、主动学习的习惯，从而为未来成才奠定充分的基础。

●▶ 教子智慧三

家庭成员要理性地对待学习成绩

英国著名教育家斯宾塞说，身为父母，千万不能太看重孩子的考试分数，而应该注重孩子的思维能力、学习方法的培养，尽量留住孩子最宝贵的兴趣与好奇心。绝对不能用考试分数去判断一个孩子的优劣，更不能让孩子有以此为荣辱的意识。然而我们中国的父母，自古以来大多有"望子成龙、望女成凤"的心理期待。在当今应试教育的体制下，考试成绩就成了孩子走向成功的敲门砖。在这种心理的作用下，孩子的成绩好坏也成了家长互相攀比的砝码。而长此以往，会让孩子把成绩作为衡量自己价值的唯一标准，一味地追求高分数，一旦某次考试成绩不够理想，内心就会受不了。更重要的是，父母看待孩子学习成绩的态度，会潜移默化地影响到孩子，造成孩子"唯成绩论成败"的思维方式，忽略学校生活的多姿多彩及自己的兴趣爱好。学习是一个过程，成绩是结果。因此家长要正确对待孩子的学习成绩，引领孩子领悟学习过程中带来的幸福和快乐，使孩子认识到积极探索、不断战胜自己、充实自己，建立对学习的良好兴趣远比成绩更重要。当孩子学习有进步时，家长要肯定和表扬，同时提醒孩子不要骄傲自满，鼓励孩子继续努力，取得更好的成绩；当孩子学习出现退步时，家长要做的不是一味指责，而是帮孩子分析成绩退步的原因，找出问题，想出解决问题的办法。家长应该跟孩子分享"一分耕耘、一分收获"的观念，多关注孩子的学习过程和效果，而不只是分数。

孩子本身有求知欲和好奇心，学习只是为了我们健康鲜活的生命更好地成长。

案例篇

● ▶【案例一】

温馨民主家庭成就女状元

2017年6月24日,高考成绩开始查询,宁阳县第四中学的李安然高考成绩高达639分,居全省文科第81名。如此成绩,让许多家长和考生艳羡,但在李安然看来,这不过是一场正常的考试,只是自己比较幸运,考了好成绩。

好成绩的取得离不开家庭的熏陶与支持。

首先,父母为安然创造了一个民主宽松的家庭氛围。"我们家里没有电视,家里人更多的时间是在读书看报,因此电视也没有存在的必要。"李安然不像同龄的女生一样喜欢追剧、追星,她喜欢阅读各类书籍,不管是文学类还是科幻类作品,她都有所涉猎。李安然平常阅读图书、杂志、报纸等,没有特定的要求,只要拿起来就能读下去。她家里有个占半面墙的书柜,里面的书她几乎读了一遍。她说:"阅读是我学语文的关键,也是理解人生的重要途径。在最初阅读时并不一定能感觉到明显的效果,但写起作文来,笔下的文字仿佛不是自己的,涓涓流出。这就是文化的熏陶，在不知不觉中融入我的生命里。"

李安然还有一个从幼儿园时期就娴熟掌握的技能，那就是画画。据她回忆，之前家里的房子四面墙上都是她涂鸦的作品，从鸟兽鱼虫到外星生物，全靠自己的想象随手涂鸦。由于李安然的画作"痕迹"太多也太密集，父母不得不重新粉刷墙面。"最疯狂的时候，除了家里的天花板，周围全是我画的画。"谈起自己的画画这项爱好，李安然嘴角上扬，眼神里透着小小的自豪。

李安然的爸爸说："现在的孩子处在新的网络时代，接触的东西杂乱，难免出现叛逆心，但是，作为父母，要懂得润物细无声。比如阅读、听音乐、画画这些事情，家长要学会尊重孩子，根据孩子的喜好，让其自行安排，不强行摊派。尊重孩子的选择，才是最重要的。"

其次，父母的理解支持是李安然取得好成绩的精神动力。李安然告诉记者："从小学起，爸爸妈妈对我的学习成绩就没有要求过，只要学习态度好，考试考多少分他们都不会怪我。所以，我考试没有太大的压力，把考试当作认真做作业一样，自然很少有发挥失常的时候，成绩也不会差到哪里去。同时，当我成绩好时父母会给予我鼓励，不好时反而给我更多的鼓励，这是我在学习上能够轻松自如的关键。"李安然性格开朗，有时学习不注意细节，母亲就将年级成绩前几名学生的好的学习习惯、学习策略仔细讲给她听，对她的学习也有很大的帮助。

再次，父母和她一起学习是安然取得好成绩的重要保障。安然告诉我们，在整个高中阶段，父亲一直陪她一起学习。在艰苦的求学生涯中，安然一直没有觉得多么辛苦，因为父亲一直在引领她，让安然有着一个明确的前进方向。安然的爸爸说："家长不学习，跟不上时代的发展。"可以说，人的一生都是一个学习的过程，做任何事情都需要掌握一定的技能，司机需要驾驶证，律师需要律师证，厨师需要厨师证，连普通的技工也需要操作证，可唯独父母这个角色不需要考证。父母不是一生下来就会的角色，在与孩子沟通的过程中有很多的技巧和知识需要掌握。而现实情况是，很多父母都不学习，却理所当然地认为孩子必须听自己的话，这是多么没天理的事。父母自己的生活过得一塌糊涂，却要求孩子考全班第一名，还经常跟"别人家的孩子"比，这件事本身就不公平。

李安然的父母终身学习、以身立教，为孩子树立了无声的榜样。孩子生长在充满学习氛围的家庭中，萌发了一种自发学习的需要，形成了一种自发学习的行为。这样，家庭中每个成员的情感和追求，无形中都得到一定的净化，由此形成了求知探索、积极向上的家风。

【启示】李安然温馨的家庭生活和民主的家庭学习氛围是她走向成功的基础。在这样的环境中，安然心情舒畅，精神振奋，容易产生愉快的情绪体验、较强的进取心和探求欲望，从而更加热爱学习。父母的理解和支持让她在充分认识自我价值的同时，探索和解决问题的能力也得到了提高。父母终身学习、以身立教，为孩子树立了无声的学习榜样。

新时代　新家风　育新人

▶【案例二】

"读经传则根柢深"的钱氏家族

钱锺书是中国现代史上大师级的学者、文学研究家、著名作家。他照相式的记忆力，滔滔不绝的口才，过人的机趣和智慧，淡泊宁静、毁誉不惊的人格，蜚声海内外。在我国、日本和一些欧美国家，"钱学"研究方兴未艾。江南大学文学院的刘桂秋教授则将钱锺书和他的父亲近代著名国学家钱基博放在一起研究，认为是家族文化的传承成就了钱氏父子。其家族是江南望族中典型的"文化型家族"，而其家训中"读经传则根柢深"七个字，则揭示了这个家族在学习方面取得辉煌成就的原因。

钱锺书的父亲钱基博是个儒家学者，极其保守，对于20世纪排山倒海的西学东渐新思潮视若无睹。在钱锺书出生前五年，清朝已经停考乡试、会试。科举制废除之后，所有的孩子都可以上新式学堂，而钱基博则希望钱锺书也像自己一样接受传统的儒家教育。于是钱锺书在进入东林小学之前的几年中，先后念完了《论语》《孟子》《毛诗》《礼记》《左传》等经典书籍，闲暇时还涉猎了不少子部、史部的著作。在东林小学念书时，父亲的家庭作业更是让钱锺书对传统典籍有一种"痴气"。学堂放学后，当时在无锡第三师范任教的钱基博要钱锺书去他的办公室自修古文，等到三师的在校学生晚餐之后才能回家。钱基博对孩子的管教极其严格，还常用体罚来管教。

有一年，钱基博到清华大学任教，寒假没有回家。钱锺书在寒假里没有严父的管束，很是快活。他借了大批的《小说世界》《红玫瑰》《紫罗兰》等刊物恣意阅读。暑假，他父亲归途阻塞，到天津改乘轮船，辗转到家时，假期已过了一半。他父亲回家后的第一件事就是命锺书和钟韩（锺书的堂弟）各作一篇文章。钟韩的一篇颇受夸赞；锺书的一篇不文不白，用字浅俗，父亲气得把他痛打一顿。这次皮肉之苦，虽然没有使钱锺书"豁然开通"，但激发了他发奋用功的决心。

钱锺书

在父亲的影响下，钱锺书开始发奋读书，将钱家自强好学的家风家训发扬光大。1929年，钱锺书以英文满分的成绩考入清华大学外文系。进入大学后，钱基博还时常写信给钱锺书，鼓励他勤奋读书、热爱学习。在一封信中，他说："做一仁人君子，比做一名士尤切要……"随后一封信又说："现在外间物论，谓汝文章胜我，学问过我，我固心喜；然不如人称汝笃实过我，力行过我，我尤心慰。"

由此，钱锺书明白了父亲的苦心，并遵从父亲的教诲，踏踏实实做学问，于 1935 年以第一名的成绩考取英国庚子赔款公费留学生，赴英国牛津大学英文系留学。此后，他先后创作了《围城》和多部古典文学论述作品。同时，钱锺书也用行动将良好的家风家训传承给了女儿钱瑗，使之成为潜心研究学术的知名教授。

【启示】 钱家乃书香门第，世代重视家庭教育和古典文化，钱锺书在古文方面的深厚功底，正是启蒙时期受到的家庭教育奠定了基础。钱氏家训中"读经传则根柢深"七个字，则明确了这个家族在学习方面的原则。真正的教育，是用一个人的人生，去影响另一个人的人生；是用一个灵魂，去唤醒另一个灵魂。欲让子孙成为什么样的人，那么，自己就去做一个什么样的人。

传承篇

头悬梁,锥刺股。彼不教,自勤苦。

——摘自《三字经》

〔解析〕汉朝的孙敬读书时把自己的头发拴在屋梁上,以免打瞌睡,战国时苏秦读书每到疲倦时就用锥子刺大腿,他们不用别人督促而自觉勤奋苦读。要想成为一个有学问的人必须自觉地刻苦读书,因为求知这件事任何人也代替不了,只有通过自己努力才能做到。

如囊萤,如映雪。家虽贫,学不辍。

——摘自《三字经》

〔解析〕晋朝人车胤,把萤火虫放在袋子里照明读书,孙康则利用积雪的反光来读书。他们两个人家境贫苦,却能克服困难,不受外界环境影响,努力学习。古人这种求学的精神是多么令人钦佩啊!今天我们有舒适的环境,如果不知道珍惜,多让人惭愧啊!

如负薪，如挂角。身虽劳，犹苦卓。

——摘自《三字经》

〔解析〕汉朝的朱买臣，以砍柴维持生活，每天边担柴边读书。隋朝的李密外出时把书挂在牛角上，有时间就读。他们利用一切时间发奋读书，后来都成为有所作为的人。

《三字经》作为中国的传统启蒙教材，收录了许多中国古代勤学上进的生动例子，成为一代代中华儿女的精神食粮。上面选取的这些例子以读书学习为切入点，是中国传统文化中好学上进、刻苦勤勉精神的体现，这种精神渗透在中华儿女内心深处，激励着人们拼搏进取、奋发有为。

（本编执笔：宁阳县洸河学校 孙翠翠）

第四编 廉俭齐家

通过推进家风建设,进一步倡导廉俭齐家的家风。大力弘扬廉洁奉公、勤俭节约的精神,摒弃好逸恶劳、奢靡浪费的习惯,厉行节约,勤劳节俭。家中的党员要带头执行《中国共产党廉洁自律准则》和《中国共产党纪律处分条例》,恪守清正廉洁、奉公守法的原则,倡导清爽、干净的人际关系和人情往来,自觉抵制各种陈规陋习和社会不良风气。

每一位领导干部都要把家风建设摆在重要位置,廉洁修身、廉洁齐家,在管好自己的同时,严格要求配偶、子女和身边工作人员。

——习近平

理念篇

家是最小国，国是千万家，家国两相依。家业兴旺在勤俭，施政之本在清廉。廉俭是齐家治国的根本，社会和谐的助推器，国家兴旺发达的力量源泉。

廉，本义是指堂屋的侧边，廉隅（棱角，喻品行端方，有气节）；引申为不贪污，廉洁，廉正，廉明；旧称有节操、不苟取的人。俭，本义是指生活上能自我约束、从不放纵的人，引申为节省、节约。这里所说的廉俭就是强调做人要保持一颗平常心，"非吾之所有，虽一毫而莫取"，为人做事要清廉纯洁、勤奋节俭。可见，廉俭习惯、品质的养成是为人处事的根本。

"静以修身，俭以养德。""丹青不知老将至，富贵于我如浮云。""老当益壮，宁知白首之心；穷且益坚，不坠青云之志。"中华民族的优良传统告诫我们："廉俭小家"紧系"富强大家"；"天下之本在国，国之本在家，家之本在身"。

家风承载着中华民族精神的内涵。中华民族素有崇廉尚洁的文化传统，对公正廉洁的追求和传承不仅仅反映在庙堂文学和鸿篇巨制之中，更是深入人心，深深烙印在每一个中华儿女的血脉之中，其外在表现形式就是无数个家庭传承的廉洁家风和家规。无论是以"勿以善小而不为,勿以恶小而为之"等为代表的皇家"圣训",还是诸如《颜氏家训》《朱子家训》"郑义门"等"子诫",都是从治家教子、修身处世等方面对后辈做出严格规范,其所蕴含的正心修身、崇廉尚洁、戒贪弃污等精神,是家风家规最精华的意义所在。不继往则无以开来,传承中华民族优秀传统文化,弘扬廉洁家风家规,有助于进一步引导全社会形成廉荣贪耻的价值取向。

家风坏,腐败现。"家风败坏往往是领导干部走向严重违纪违法的重要原因。"习近平的这句话,直指要害。对居于领导岗位、握有权力的官员来说,非廉非俭的家风,往往成为牵引其自身及亲属走向牢狱的绳索。纵观已查处的大案、要案,很多腐败分子的违纪违法行为中,往往有"家族腐败"因素。父子兵、夫妻档、兄弟帮屡见不鲜,甚至"全家总动员",把公权力变成"私人定制",最终一起走上不归路。刘铁男职位越高,儿子刘德成贪得越多,25岁的时候已经成为千万元户;苏荣一人当官全家捞钱,包括其妻子、儿子等在内的十余个亲属涉案。家风决定家业成败,也进一步影响党风政风。很多人之所以走上违法犯罪的道路,除了自身理想信念的失守,另一个重要原因就是家规不正、家风涣散,既不能严以修身,更不能严以治家。中央纪委国家监察委网站曾公布了这样一组数据,从2015年2月13日至12月31日,中央纪委共发布34份部级及以上领导干部纪律处分通报,其中有21份违纪涉及亲属,比例高达62%。

《中国共产党廉洁自律准则》明确要求党员领导干部要"廉洁齐家,自觉带头树立良好家风"。作为党员领导干部,严以律己、严格约束家人既是个人道德修养的内在需要,更是党纪党规的客观要求;树立和培育优良的家风家规,既是不断提升个人和家庭道德修养水平的"私事",更是不断推动党风廉政建设和反腐败工作取得新成效的重要举措。自觉远离低级趣味,树立优良家风,是每一名共产党员对自己、对家庭、对组织交上的一份合格答卷。以廉俭修身,以廉俭齐家,以廉俭兴国。

新时代　新家风　育新人

操作篇

廉洁勤俭家风是中华文明的重要组成部分，是中华民族的优秀品格，是中国共产党的优良传统，也是中华儿女成长的营养剂。优良传统，薪火相传，好家风需代代传承。

◆ 教子智慧一

崇古推今，廉俭思想存于心

"家之兴替，在于礼义，不在于富贵贫贱。"因家风清廉质朴、善良守信、进取有为而赢得赞誉的古今名人不胜枚举。

春秋时，宋国司城子罕清正廉洁，受人爱戴。有人得到一块宝玉，请人鉴定后拿去献给子罕，子罕拒不接受，说："您以宝石为宝，而我以不贪为宝。如果我接受了您的玉，那我们俩就都失去了自己的宝物，倒不如我们各有其宝呢！"子罕以廉为宝，被传为美谈。

东汉名臣杨震贤达，多次升迁，官职到了荆州刺史、东莱太守的职位。在他赴郡路过昌邑时，他从前举荐的荆州茂才王密正任昌邑县令，便在夜里怀揣十斤黄金来送给杨震。杨震说："我了解你，你怎么就不了解我呢？"王密说："夜里没有人知道。"杨震说："上天知道，神明知道，我知道，你知道，怎么能说没有人知道呢？"王密拿着金子羞愧地出去了。杨震于是因为"暮夜却金"被誉为"四知"先生，闻名于天下。

杨震

后来，杨震转任涿郡太守。他在任内公正廉明，不接受私人的请托。他的子孙蔬食徒步，生活俭朴。他的一些老朋友及长辈想要他为子孙置办产业，杨震说："让后世的人称他们为清白官吏的子孙，不是很好吗？"

清代名臣林则徐留给后辈的家训是："子孙若如我，留钱做什么？贤而多财，则损其志；子孙不如我，留钱做什么？愚而多财，益增其过。"刚正不阿的林则徐虎门销烟维护了中华民族的尊严和利益，这和他父亲"不妄与一事，不妄取一文"的家教一脉相承。

崇古推今，廉洁思想如同无声的教诲，助人立德立言、成人成才，让后人铭刻在心、代代受益。

教子智慧二

与时俱进，中央领导树典范

2018年春节期间，一个名为《牵妈妈的手》的微视频刷爆网络。视频中，习近平牵着妈妈齐心的手陪她散步的画面令人印象深刻。

干部之家应该有什么样的家风呢？老一辈革命家早就用实际行动给我们做出了表率。

毛泽东同志在家风上坚持三条原则："恋亲不为亲徇私，念旧不为旧谋利，济亲不为亲撑腰。"毛泽东同志对待子女总是要求他们与老百姓一样，不允许其搞特殊化，他常说的一句话是："谁叫你是毛泽东的儿女呢？"无论是对待毛岸英的婚姻问题，还是对待李讷的上学问题，毛泽东同志都是这一句话。

周恩来同志曾专门召开家庭会议，并定下不谋私利、不搞特殊化的十条家规：晚辈不准丢下工作专程来看望他，只能在出差顺路时去看看；来者一律住国务院招待所；一律到食堂排队买饭菜，有工作的自己买饭菜票，没工作的由总理代付伙食费；看戏以家属身份买票入场，不得用招待券；不许请客送礼；不许动用公家的汽车；凡个人生活上能做的事，不要别人代办；生活要艰苦朴素；在任何场合都不要说出与总理的关系，不要炫耀自己；不谋私利，不搞特殊化。

陈云同志与亲人约法三章：不准搭乘他使用的小汽车，不准翻看、接触只供他阅读的文件、材料，不准随便进出他的办公室。

教子智慧三

身教为本，廉俭之气重传承

宋庆龄的一生非常传奇，看上去雍容华贵的她，其实是一位在日常工作和生活中非常勤俭节约、洁身自爱的女性。她对日用品不挑剔,对旧物有着别样的情感,能省则省;她在工作上更是公私分明,不谋求个人的好处,在很多应酬事宜上常常自掏腰包。她将穿旧的服装改制后继续穿;她购买词典不选精装本,只要字大方便看就好;旧信封、包装纸、绳子等,她收集起来重复利用;以个人名义赠送给外国来访宾客的礼品,她坚持自掏腰包……

宋庆龄

在日常生活中,宋庆龄的穿着极为朴素,总是穿着一件"八卦衣"。所谓"八卦衣",就是一件用碎布拼接而成的棉马甲。这件衣服现保存于北京宋庆龄纪念馆。这是一件颇具"巧思"的衣服,马甲的周边和袖口有布条包着,如果脏了,便可以拆下来洗涤后再重新缝上使用。宋庆龄十分喜欢这件棉马甲,每年冬天往返京沪之时都随身携带,经常穿在身上保暖御寒。

宋庆龄的廉俭风格深深感染、影响着她身边的每一个人。

每一个家庭成员都应从我做起、从平凡事做起,自觉视廉俭为美德,把它当作一面镜子。我们要抵得住诱惑,守得住清贫底线。建好小家才能建好大家,家风正则国风正。

教子智慧四

为政为民，清正勤俭传万家

我们宁阳的党员干部历来有清正廉洁、勤俭持家的优良传统。

如今，一提起当年的"老革命"王克兴书记、阴法亭书记，宁阳东疏镇、泗店镇中六七十岁以上的老人无不啧啧称赞。

20世纪七八十年代，王克兴书记、阴法亭书记先后主政当时的东疏公社，其间他们常骑（经常是泥路上人扛着）一辆半新不旧的大金鹿自行车到驻村。他们与群众同吃同住，深入田间地头，与他们一起耕种收割，认真听取百姓的心声。他们带领干部群众抗旱排涝，辛勤劳作，努力提高粮食产量，提高农民的生活质量，百姓看在眼里，感激在心里。农闲时间，他们同干部群众一起兴修水利工程，一身泥土一身汗，任劳任怨，心中装的是百姓的苦和甜。他们主持修筑的引汶灌溉水利工程和开创的"粮桐间作"种植模式，影响深远，泽被后世。他们从不计较个人得失，而且经常告诫群众和子女，"一针一线，一粥一饭，当思来之不易"，"历览前贤国与家，成由勤俭败由奢"，为人要"克勤克俭"（语出《尚书·大禹谟》：克勤于邦，克俭于家。意思是能够辛勤地为国效力，能够节俭地操持家政）。他们的子女上学，或者参军，或者后来工作，都牢记老人的谆谆教导，以清正廉洁修身，以勤奋节俭生活。老领导让百姓感受到党的指引和关怀，其言谈举止让百姓感恩戴德，念念不忘。

案例篇

"察德泽之浅深,可以知门祚之久暂。"家庭是人生的起点和归宿,家庭风气正,事业才能枝叶茂盛。"将教天下,必定其家,必正其身。"家庭是国家发展、民族进步、社会和谐的基点,廉俭修身是干事创业的基础,廉洁才能修身,廉俭才能齐家。

"欲影正者端其表,欲下廉者先之身。"正人先正己,正己才能正亲。我们要成为道德榜样和良好家风的建立者、守护者,以自身清正为齐家立业树立标杆。

【案例一】

疏广知止

汉疏广为太子太傅,侄受为少傅。在位五年,广谓受曰:"吾闻知足不辱,知止不殆。功遂身退,天之道也。"即日俱告病归。送者载道,观者皆曰:"贤哉二大夫。"广归,散金与故旧。或劝买田宅。广曰:"我岂不念子孙哉?顾贤而多财,则损其志;愚而多财,则益其过。"当世称之。

——摘自《二十四廉》(三集卷七)

新时代　新家风　育新人

〔译文〕汉朝的疏广做了太子太傅,他的侄儿疏受做了太子少傅。这样过了五年,疏广对疏受说:"我晓得知足的人是不受耻辱的,知止的人是没有危险的。功成名就了,全身回去,这才是上天的道理啊。"于是,叔侄两个人在朝廷里立刻告了病回家。道路上挤满了送行的人,来看的人都说:"这两位做官的人,真是贤良啊。"疏广回到家以后,把金钱分给从前认识的人。有人劝他买田买屋。疏广说:"我难道不念及子孙吗?假使子孙们是很贤良的,家里的钱财多了,就堕落了他们的志气;假使子孙们是很愚笨的,家里的钱财多了,就加重了他们的过失。"当时社会上的人,都很称赞他。

公元前 200 年(汉高祖七年),始置宁阳县,属泰山郡。公元前 126 年(汉元朔三年),宁阳县改为宁阳侯国(封鲁恭王刘余之子节侯恬于此)。公元前 69—65 年(汉宣帝地节年间),宁阳侯国始建东疏、西疏村。据传,汉宣帝地节三年,疏广、疏受叔侄分别为太子太傅和太子少傅,后辞官归老于东疏定居。两疏辞世后,宁侯为了纪念这两位宁邑先贤,将其故里分别命名为"东疏"和"西疏"。又因疏广居东,称为东疏村(宁阳县城西 7 公里);疏受居西,遂称西疏村(宁阳县城西 12 公里)。

【启示】旧时很多人做官是为了金钱,而这叔侄二人在为国家奉献一生后,却不恋高官厚禄,不念荣华富贵,功成而身退,散金而兴学,造福后世,这样的精神确实值得我们学习。

【案例二】

领袖的家国情怀

吴连登到主席家"帮帮忙"的头几年,仅是做一些杂务:搞搞卫生,清理书房,收拾收拾衣物,再就是管理主席家的仓库。"一想起主席家的仓库,我就难受得想哭。"事隔多年,吴连登对刚到主席家时的情景仍记忆犹新:"仓库里,一没有豪华服装,二没有金银首饰,三没有一件礼品。好多东西都是从延安带过来的,像主席穿的大棉袄啊,一些旧衣服,换下来的毛巾、袜子、衬衣什么的。仓库里最好的东西,就是毛泽东50年代初为出访苏联所做的大衣、深色中山服、礼帽、皮鞋。主席回国后就再也没穿过,成为仓库里最珍贵的摆设。"

据其介绍,毛泽东的工资原为一级。1958年,国家遇到了前所未有的困难,毛泽东就提出把自己的工资从一级降到三级,变为404.80元,一直到1976年他去世,这个数目都没有变过。江青的工资是十三级,243元。毛泽东和江青每人一本细账,他们各花各的钱,这也是主席的交代,就是通常所说的"AA制"。

"主席这个家好管也不好管。"回想起当年在主席家当"财务总管"的情景,吴连登的记忆里至今仍是一本清楚的账。"说好管,是因为主席一分钱不拿,也不过问钱怎么花。说不好管,是因为该花钱的地方太多:党费10元,房租水电费、地毯家具维护费80多元,这是每月必交的;每月伙食费100元左右;还要负担李敏、李讷、毛远新及江青的姐姐李云露的生活费,开始每人每月15元,后来加到30元;孩子们因事派公车,主席要付车费;再加上有时招待民主人士、故交老友及家乡亲戚的饭费、车费、住宿费、医药费等，就已经超过300元。此外，毛泽东还有两项花费——吸烟和喝茶，每个月烟钱至少几十元，茶叶支出也要30多元。"提起毛泽东的稿费，吴连登说那也是不能随意支配的。主席说："我的稿费是人民的，不是我的，最终还要用在人民身上。"但是一年中也常常有那么一次，吴连登请求从主席的稿费中支出一些钱作为生活补贴。支出稿费要经毛泽东批准，吴连登必须拿着主席的签字才能到中央办公厅特别会计室领出钱来。

毛泽东一生践行"为人民服务"的思想，过着勤俭的普通百姓生活。他没给儿女留下一元钱、一垄地、一间房子，临终时他的全部家产只有几百元钱，最后也都上交给了国家。

孩子们一个星期只能跟主席吃一顿饭，平时只能吃食堂。主席说，这是个待遇问题。"他们在大灶上吃饭也是我掏钱，可在我这儿吃就不同了。我为人民做了一点工作，这是人民给我的待遇，他们无权享受。"吴连登说，平时从外地送来的少量土特产，主席也都让送给幼儿园，或者分给身边的工作人员。他没把这些东西送给江青，也没送给自己的孩子们。毛泽东家里有一辆"二六"自行车，天津自行车厂送的，工作人员建议给李讷骑，可是毛泽东说不行，说这辆自行车只能给工作人员用。李讷的自行车是毛泽东自己掏钱买的。吴连登说，主席家的孩子在中南海有口皆碑，他们时时处处维护主席的形象。一次李讷去西楼看电影，走进西楼发现自己没带钱，便转身出来了。工作人员认识李讷，示意她进去，李讷不肯，最后打了个"欠西楼两毛钱"的欠条，第二天就把钱还了回来。

吴连登说："主席曾说：'我能做到，你们必须做到。我是主席，我就不能穿补丁衣服吗？我们家里用的，该多少钱就是多少钱，一分钱都不能少。我毛泽东不贪、不占、不受贿，不白吃、白喝、白拿。'"

毛泽东一生生活俭朴，对吃穿住用从不讲究，即使是外出视察，也是轻车简从，饮食简单，从不超过标准，且交足伙食费。1965年5月22日，毛泽东重上井冈山吃的是红米饭、素炒苋菜、豌豆炒肉丁等家常饭菜。5月29日，毛泽东离开茨坪前，主动交清伙食费。茨坪宾馆财务室会计雷良钊天天开惯了发票，这次竟不知如何提笔填写发票。他噙着热泪认认真真地在交款人一栏中写下"首长"二字，然后依次开出3张发票。票证为"江西省井冈山管理局交际处"；住宿时间7天，每天伙食费2.50元，共17.50元；交粮票23斤；购米款每斤0.12元，计2.76元。发票开具时间为：1965年5月29日。

【启示】"俱往矣，数风流人物，还看今朝。"毛泽东作为一位心中装着平民百姓、国家社稷的开国领袖，其清廉的施政作风，给后世树立了一个清正廉洁的标杆，留下了千古传颂的光辉形象。在全面从严治党、深入反腐倡廉、厉行勤俭节约的当下，我们在缅怀毛泽东的丰功伟绩、怀念他波澜壮阔的一生时，也不能忘记他清廉勤俭、心怀苍生的家国情怀。

【案例三】

"一钱太守"刘宠

东汉刘宠，字祖荣，今山东省烟台市牟平区人，官至司徒、太尉。刘宠出任会稽郡（今浙江绍兴市）太守时，政绩卓著，操守廉洁，朝廷调他为将作大匠（主管工程建设的官员）。在他离任前，会稽郡山阴县若耶山谷五六位鬓发斑白的老人各带了一百文钱（即一百个铜板）想送给他，可刘宠不肯受。老人们流着泪对刘宠说："我们是山谷小民。前任太守屡屡扰民，夜晚也不放过，有时狗整夜叫吠不止，民不得安。自从您上任以来，夜晚狗都不叫吠了，官吏也不抓捕老百姓了。现在我们听说您要离任了，故奉送这点小钱，聊表心意。"刘宠说："我的政绩远远不及几位老者说的那样好，倒是辛苦父老了！"老人们一定要他收下铜板，盛情难却，刘宠只好收下几位老人各一文钱。出了山阴县界，他就把钱投到了江里。后人将该江改名为"钱清江"（在今浙江绍兴市境内），还建了"一钱亭""一钱太守庙"。从此，"一钱太守"的美称便在当地传开了。

【启示】"居官莫道一钱轻，尽是苍生血作成。向使持来抛海底，莒波赢得有清名。"这是清代监察御史杨维乔在刘宠墓前的题诗。一钱之重，重在哪里？重在人民的血汗，重在政治伦理。总而言之，就是官德。《左传》有云："国家之败，由官邪也；官之失德，宠赂章也。"所谓"千里之堤，溃于蚁穴"，重一钱之取，真正是微言大义所在！

▶【案例四】

永远活在人民心中的"谷公"

谷文昌（1915—1981），原名程栓，河南省林县（今林州市)郭家庄人,1944年加入中国共产党,历任林县的区长、区委书记,中共东山县委组织部部长、县长、县委书记,福建省林业厅副厅长,龙溪地区林业局局长,龙溪地区农办主任,龙溪地区革委会副主任,龙溪行政公署副专员等职。

谷文昌

谷文昌于1950年5月12日随解放军东山岛。从此,他在东山这个美丽的海岛上辛勤耕耘了14个春秋。

担任东山县县长时,谷文昌牢记"为人民服务"的宗旨,为排除群众的疾痛,造福东山人民,把治理风沙害列为政府工作重点。他亲自带领工作人员,多次探风口、查风源,摸清了"沙老虎"的走向,制订了治理风沙的规划。1960年,一场"上战秃头山,下战飞沙滩,绿化全海岛,建设新东山"的战斗打响了,党政军民总动员,男女老少齐上阵,风雨无阻,鏖战数年。全县400多座大小山头,三万多亩赤白滩,种上树,造了林,30公里长的海岸线筑起了"绿色长城",昔日的"沙老虎"被制伏了。沙滩造林调节了气候,保持了水土,平衡了生态,沙滩变成了良田,一熟改三熟,粮食产量上去了,经济作物发展了,过去缺粮短柴的沙区人民,现在不仅柴米自给有余,还为工农渔业提供了一定数量的生产和建设用材。

谷文昌同志大半生都在和树林打交道,可是从没向国家要过一根木材。20世纪50年代,组织建议提拔他老伴当副县长,他极力反对，坚决谢绝。1963年，调整机关干部的工资时，因名额有限，谷文昌说服了老伴，主动把名额让给了其他同志。1964年，谷文昌赴省任职之前，有关部门要把他在财政局当临时工的大女儿转为正式干部，随他一起调到省里工作，谷文昌不同意，他说："县委书记的孩子不能搞特殊，还是留在东山锻炼好。"

谷文昌同志于1981年1月30日在漳州病逝，享年66岁，遵照他生前的嘱托，其部分骨灰由其子女撒在东山岛上。

为表彰谷文昌老书记的功绩，激励后人，东山县委、县政府于1987年7月特立丰碑，以示纪念。碑的正面写着：谷文昌同志万古长青。

【启示】谷文昌同志一生践行党的宗旨，一心为民，艰苦奋斗，廉洁奉公，展现了共产党人的光辉形象。谷文昌心里装着人民，积极为群众排忧解难，体现出做人民公仆的高尚情操。谷文昌清正廉洁、一身正气、两袖清风，留下了良好的家风。谷文昌的五个子女中，只有长子退休前在厦门出入境检验检疫局工作，其他四位退休前都只是漳州最普通的科员、企业职工。第三代，也多是普通的幼儿园老师、糖厂职工、单位司机。

"不带私心搞革命，一心一意为人民。"这是他一生的信仰。心中有党、心中有民、心中有责、心中有戒，谷文昌堪称"四有"干部的典范。至今东山的老百姓仍然对谷文昌念念不忘，尊敬地称他为"谷公"，回乡"先拜谷公，再拜祖宗"。

传承篇

一粥一饭,当思来处不易;
半丝半缕,恒念物力维艰。
宜未雨而绸缪,毋临渴而掘井。
自奉必须俭约,宴客切勿流连。
器具质而洁,瓦缶胜金玉;
饮食约而精,园蔬愈珍馐。

——摘自《朱子家训》

〔译文〕对于一顿粥或一顿饭,我们应当想着来之不易。对于衣服的半根丝或半条线,我们也要常念着这些物资的产生是很艰难的。

凡事先要准备,像没到下雨的时候,要先把房子修补完善;不要"临时抱佛脚",不要到了口渴的时候,才来掘井。

自己生活上必须节约,聚会时切勿流连忘返。

餐具质朴而干净,虽是用泥土做的瓦器,也比金玉制的好;饮食节约而精致,虽是园里种的蔬菜,也胜于山珍海味。

《朱子家训》的作者朱用纯(1627—1698),字致一,自号柏庐,明末清初江苏昆山县(今昆山市)人,著名理学家、教育家。其父朱集璜是明末的学者,清顺治二年(1645)守昆城抵御清军,城破,投河自尽。朱用纯自幼用功读书,曾考取秀才,志于仕途;清入关明亡遂不再求取功名,居乡教授学生并潜心于程朱理学,主张知行并进,一时颇负盛名。

《朱子家训》又称《朱子治家格言》,文字通俗易懂,内容简明赅备,对仗工整,朗朗上口,自问世以来流传甚广,被士大夫们尊为"治家之经",清至民国间一度成为童蒙养正的必读书目。

凡仕宦之家,由俭入奢易,由奢返俭难。尔年尚幼,切不可贪爱奢华,不可惯习懒惰。无论大家小家、士农工商,勤苦俭约,未有不兴,骄奢倦怠,未有不败。

——摘自《曾国藩家书》

〔译文〕凡做官的人家,从俭朴到奢侈容易,从奢侈回到俭朴就困难了。你现在年纪还小,千万不要贪图奢华,不能养成懒惰的习惯。无论是大户人家、小户人家还是士农工商各种人,只要勤俭节约,没有家业不兴旺的,骄奢怠倦,没有家业不衰败的。

曾国藩(1811—1872),汉族,初名子城,字伯涵,号涤生,曾子七十世孙,谥曰文正。

曾国藩无论做人、做官、做事,都能坚持自省自律,身体力行,为家人、他人做出示范。他无论是治政还是治家都保持一生勤俭，提出的诸如俭朴、忠孝、禁贪等观念，是留给家人和后人的宝贵财富，实现了曾氏"长盛不衰，代有人才"的遗愿。

曾国藩之女曾纪芬后来曾作《廉俭救国说》，在篇中运用古今中外诸多名人的事例，反复论证了"廉俭"二字对于治国、持家、修身的极端重要性。她尤其希望女界同胞加以重视，落实到日常言行之中，去影响身边的丈夫、儿子、兄弟。她认为只有这样，才能挽回社会风尚，拯救国家。尽管篇中明显地体现出她对西方文化的全面抛弃观点，但就廉俭与救国的密切关系的论证而言，是很有见地的，某些成分仍有借鉴意义。

(本编执笔：宁阳五中　宋连军　闫恪民)

第五编 修德明礼

通过推进家风建设，进一步倡导修德明礼的家风。在家庭中深化"四德工程"建设，引导家庭成员注重社会公德、职业道德、家庭美德、个人品德的养成，在工作生活、社会交往、公共场所、网络空间、旅游出行等各方面崇德尚礼、知行统一。

青年要从现在做起,从自己做起,使社会主义核心价值观成为自己的基本遵循,并身体力行大力将其推广到全社会去。

——2014年习近平在北京大学师生座谈会上的讲话

理念篇

修德，出自《左传·庄公八年》，解释为修养德行、行善积德。"德"为人之本，立命之基，造福之根。"诸恶莫作，众善奉行，自尽其义"，是德之念；"非礼勿视，非礼勿听，非礼勿言，非礼勿动"，是德之行。修德之心一则要诚，二则要持，既要循常"礼"、守诚信，又要遵法纪、顾大局，还要与时俱进，遵循社会发展的规律，持修终身。

中国儒家学说，将人之"德"归纳为"孝、悌、忠、信、仁、义、廉"，并上升为"礼"，使人遵之。中国素有"礼仪之邦"之称，人们对礼仪有深刻的认识。古人云："礼者，人道之极也。"又云："不学礼，无以立。"明礼然后知耻，才会崇德向善。

两千多年来，遵循礼仪始终是我们中华民族为人处事的重要准则，如今，它又被赋予了新的时代内涵。从旧时推崇礼贤下士，到今日弘扬以礼待人；从古时的《礼记》，到今日提出的"修德敦行"，礼仪教育不仅贯穿在历史之中，也深深影响了中华儿女的价值观与荣辱观，融入每个人的素养里。为人明礼，才可更好地彰显新时代中国人的气质。中华民族注重礼仪的优良传统，是我们宝贵的精神财富。廉颇负荆请罪，真诚致歉，被传为美谈；张良敬重前辈，谦逊有加，得世人敬仰；杨时程门立雪，尊敬师长，为后人赞颂……这些不仅充分体现了我们文明大国对礼仪的重视，也使得"礼仪之邦"的美称得以延续。身为新时代的中国人，我们当然有责任继承和发扬这份文化精髓。

操作篇

崇德尚礼是中华民族的优良传统。"人无礼不立,事无礼不成,国无礼不宁""人而无礼,焉以为德",古人不仅将"礼仪"作为道德规范的基础,更把学"礼"上升到加强人们道德修养的高度。

当代社会,"中国梦"的本质内涵是实现国家富强、民族复兴、人民幸福、社会和谐,使中华文明具有在复兴中进一步演进的"文明特征"。社会的和谐、中国梦的实现,都是基于每个公民的努力。学习文化礼仪、做道德高尚的中国公民,才能为中国梦的实现打下良好的基础。

作为父母,如何才能培养下一代修德明礼、崇礼向善,让他们形成社会主义核心价值观呢?

◆▶ 教子智慧一

以身作则,树立榜样

父母是孩子的第一任老师,所作所为直接影响孩子的品行。

要让子女修德明礼，父母首先要修德明礼；要让孩子有好习惯，家长必须先养成好习惯。言传身教胜过死板的说教，家长的言行是无声的教育。

某幼儿园小班有一位相比其他小朋友智力与行为发展都比较慢的小朋友。刚入园时，孩子总是哭，也会有攻击性行为，引来其他家长的不满。老师稍有照顾达不到家长要求的地方，孩子的爷爷奶奶就会横加指责，孩子的情况一直得不到改善。后来班主任约孩子的妈妈到幼儿园交流情况，才知道孩子的父母感情不和，马上就要办理离婚，而且奶奶比较强势，经常与爷爷争吵。班主任将情况汇报给园长后，园长与孩子的妈妈促膝长谈，谈到孩子的种种表现原因之一就在于爱的缺失，孩子的妈妈听后泪流满面。为了孩子，她决定做出改变。一个月后，园长再次与孩子的妈妈沟通，孩子的妈妈说现在孩子主要由她带，爸爸、爷爷、奶奶也经常陪伴孩子，现在孩子成长得很好。这对孩子来说是人生美好的开始。所以，改变从自身开始！只要家长能够做出改变，孩子的行为就一定会有所改观。家长的行为习惯中蕴含的理念与修养会通过生活细节一点点传递给孩子，进而影响孩子的一生。

我们必须懂得，家长的行为不是孤立的个人行为，这些行为对孩子的影响是潜移默化的，对孩子良好习惯的养成有着重要的作用。因而做父母的必须谨言慎行，注重言传身教。

◦▶ 教子智慧二

营造良好家庭氛围，发挥家庭文化作用

家庭文化是指家庭价值观念及行为形态的总和。简言之，每个社会对于育嗣、家计、养育子女、家庭关系等，都有其社会认可的态度及行为方式，这就是社会学家所称的家庭文化。

不同社会，同一社会的不同发展阶段，有不同的家庭文化。同时，在同一社会中，每个家庭由于其所处的社会阶层、环境等不同，也各有其独特的文化。

家庭是教育子女使其有良好人格的社会化单位。

首先，要充分发挥家庭文化的凝聚作用。长期在群体共生环境下，家庭成员的人生观、价值观、家庭荣誉感、理想信念、工作和学习方式、行为规范等，都会逐步趋同，个人的精神情感也会融为共有的精神灵魂，大家都会自觉不自觉地为维护这些精神财富而努力。这种共同创造、共同拥有的精神灵魂，也是家庭成员聚集在一起的纽带。优秀的家庭文化必然使家庭成员对家庭这个集体产生归属感、自豪感、依赖感、幸福感，使家庭更加和谐。

其次，要充分发挥家庭文化的约束导向作用。多年传承的文化传统、家庭价值观和与之相应的行为准则，是一种有形或无形的力量，影响、约束着这个集体内的成员。优秀的家庭文化氛围，能推动下一代的良性发展，引导所有家庭成员追求进步。

吉鸿昌，字世五，河南扶沟人，察绥抗日同盟军领导人之一。吉鸿昌早年在冯玉祥的部队当兵，因英勇善战升为营长、师长，后任国民党军长和宁夏省政府主席。1920年，父亲吉筠亭病重，当时25岁的吉鸿昌任营长。父亲对前来探视的吉鸿昌说："当官要清白廉正，多为天下穷人着想，做官即不许发财。否则，我在九泉之下也难安眠。"吉鸿昌含泪答应。在父亲病逝后，吉鸿昌把"做官即不许发财"六个字写在瓷碗上，要陶瓷厂仿照成批烧制后，分发给所有官兵。在分发瓷碗的大会上，他对全体官兵说："我吉鸿昌虽为长官，但决不欺压民众，掠取民财。我要牢记父亲教诲，做官不为发财，为天下穷人办好事，请诸位兄弟监督。"吉鸿昌言行一致，一生清白廉正，处处为民众着想。当日本帝国主义侵略中国，人民陷入水深火热之中时，他反对蒋介石的投降政策，奋起抗日，遭国民党反动派杀害，牺牲时年仅39岁。由此可见，良好的家庭文化对于下一代一定有着约束导向作用。

再次，要充分发挥家庭文化的激励作用。和谐的家庭文化环境，无疑能提升人的创造力和学习动力，调动家庭成员的积极性。

司马迁最终能写出被誉为"史家之绝唱，无韵之《离骚》"的《史记》，离不开其父司马谈的训导和价值观的影响，即对"孝之大者"的理解。司马谈学富五车，他的才学赢得了汉武帝的赏识，汉武帝曾专门为他设置了一个官职——太史令，掌管天时星历，还负责搜集并保存典籍文献。司马谈认为，自孔子死后的400多年间，诸侯兼并，《史记》断绝。当今海内一统，若作为一名太史令不能尽到撰写《史记》的职责，内心必会惶惧不安。因此，他非常希望司马迁能完成他未竟的大业。于是，在临死的时候，司马谈拉着儿子司马迁的手，边哭边嘱咐，希望司马迁在他死后继承他的事业，更不要忘记撰写《史记》，并认为这是"大孝"。他对司马迁说："且夫孝，始于事亲，中于事君，终于立身。扬名于后世以显父母，此孝之大者。"有了这样的家训，司马迁终不辱使命，耗费14年时间，写出了皇皇巨著《史记》，完成了父亲的遗愿。

● 教子智慧三

诵读国学经典，创建书香家庭

经典古诗文是我国文化艺术宝库中瑰丽的珍宝，对铸就青少年的品格、激励其志向、丰富其知识有着不可替代的作用。为帮助下一代修德明礼，增强其人文素养，更好地促进他们的健康成长，父母可以精选一些有教育意义的寓言、古诗、成语故事等，让子女利用课余时间通过各种形式感受中华经典，使他们在诵读经典的过程中感受、体会国学的魅力，培养其高尚的情操，为其终生发展奠基。

世界文豪高尔基对书情有独钟，爱书如命。有一次，他的房间失火了，他首先抱起的是书籍，其他的任何东西都不考虑。为了抢救书籍，他险些被烧死。他说："书籍一面启示着我的智慧和心灵，一面帮助我从一片烂泥塘里站起来，如果不是书籍的话，我就沉没在这片泥塘里，我就要被愚蠢和下流淹死。"正是因为爱书成痴，高尔基才成就了自己的文豪人生。

新时代 新家风 育新人

有人认为读书使人进步,有人认为读书使人奋进,也有人认为读书使人快乐,读书使人明理、正己。正如高尔基所说:"读一本好书,就是和一个高尚的人谈话。"

◆▶ 教子智慧四

立足家庭,强化文明礼仪规范

首先,从举止步态抓起,塑造优美姿态。

从"站姿、坐姿、行姿"起步,培养良好的行为习惯。俗话说:"站如松、坐如钟、行如风。"也就是说,在培养下一代"站、坐、行"的行为动作方面,要有明确的要求:站立的时候要像青松一样端正挺拔、精神饱满,端坐时要像钟一样端正稳重,走路时要步态平稳、轻快、有节奏,犹如风行水上,轻盈而稳重,而且要不断巩固,使之逐步内化为一种习惯。

国外相关研究表明,学童的坐姿与专注力成正比。坐姿不好的孩子,其专注力相对较低。正值发育期的孩子,不良姿势还会引起脊椎病。"姿势是培养专注力的关键",对于正在发育期的孩子来说,正确的坐姿、握笔姿势、看书姿势……能够使其身形端正,充满精气神,更重要的是还能让其的专注力更好,对世界的认知能力更高。

其次,从只字片语着手,培养文明礼仪习惯。

文明礼仪是传承文明的需要,更是时代发展的需要。孔融让梨,小小年纪便懂得谦让,被传为美谈;岳飞问路,颇知礼节,才得以校场比武,跨马行天下;程门立雪更是尊敬师长的典范。这些事例都淋漓尽致地体现了中国人的礼仪道德之所在。如今,世界发生了巨大变化,人与人之间的交往与合作日渐频繁密切。在交往与合作的过程中,个人的礼仪是否周全,不仅体现其个人修养、素质,而且直接影响其工作、事业。作为父母,我们不可能都将孩子培养成十全十美的人,但是完全可以将有可能影响孩子未来的各种致命弱点事先予以纠正。

"亲师友,习礼仪,香九龄,能温席。"尊重是人与人之间沟通的桥梁,是人际关系的重要纽带和基础。学会尊重应从说话客气、礼貌待人做起。常用的文明礼貌用语有请、您好、再见、谢谢、对不起、没关系等。我们可以从这十三个字开始,教会孩子正确使用日常礼貌用语。

再次,从小事做起,培养团结友爱精神。

中国有句古语,"同心成玉,协力成金",这句话形象地道出了团结友爱的强大力量。家庭是人们的避风港,"家和万事兴",家庭成员之间的团结友爱是家庭兴旺发达的重要条件,是教育子女的基础。"家有一心,有钱买金;家有二心,无钱买针""贫非人患,惟有和贵",家庭成员之间同甘共苦、团结一心、相互帮助、相互鼓励,对于实现家庭和谐与幸福有着重要意义。

最后,从细处入手,崇尚文明礼仪。

中国自古就有"文明礼仪之邦"的美誉,但先人的成就却掩盖不了后人身上所存在的问题。现在的孩子,一般都是独生子女,是父母的掌上明珠、心头肉。受家庭条件、教育及社会不良风气的影响,他们的身上或多或少地都存在着一些不良习惯,比如不讲礼貌、举止不端、恶语伤人等,甚至一些孩子的人生观、世界观扭曲，为人处事的能力低下，人际关系紧张。这些问题，折射出了家庭教育的误区——文明礼仪教育开展不力，对其重视不够。

高尔基说："爱孩子，那是连母鸡也会做的事，而怎样教育他们则是一件大事。"那么如何在家庭日常生活和教育中有效地进行礼仪教育呢？

第一，树立文明礼仪教育持续终身的正确认识。

许多孩子尤其是独生子女，家长在教育管理上过分溺爱；部分留守儿童，由于家长外出打工对孩子过分放任，导致孩子家庭礼仪缺失。在具体实施文明礼仪的教育过程中，每个家庭要针对自己的家庭情况采取相应的措施，比如可以制订一份所有家庭成员都参与商讨并通过的《家庭公约》。《家庭公约》通过后，家长一定要避免在教育孩子时随心所欲、随性情而定，要始终如一地坚定执行公约的每一项内容，千万不要高兴时百般纵容迁就，心情不好时则又吼又叫甚至打骂。家长应该通过自身的行为引导，让孩子体会到文明礼仪是一种贯以终身的教育，需要时刻牢记。

第二，家长一定要及时发现家庭礼仪教育中存在的问题，并进行反思与调整。

我们在培养孩子的同时也在不知不觉中成长，但不能保证不犯错误，家长要知晓这一点并随时反思自己。反思方式有多种：经常想一想，今天做得对不对；每次教育完孩子后，想想有没有更好的办法……现今的孩子大多是独生子女，双重的关爱往往会让他们习惯接受赞扬，而不能接受批评和指责。所以，家长在教育孩子时要注意反思自己采用的方式方法是否可行。

但现实的情况是,我们有许多父母忽视了这个重要问题,总是把重点集中在孩子所犯的错误上,不去想自己的方法孩子能否接受,所谓的谆谆教诲孩子是否听得进去。所以,要培养出好孩子,家长除了注重教育的内容,还要时刻思考好的办法。随着孩子年龄的增长、性格的变化,家长的教育方法要不断调整,保留好的,丢掉差的。

修德明礼,终身受益。父母的最大心愿是让自己的孩子过得好,那么,请多带给孩子正能量吧!内心充满爱的孩子,未来一定不会太差!因为我们善待一切,一切也会善待我们。

案例篇

【案例一】

中医事业传承发展的行者

李秋溪出生于中医世家。150多年前,其曾祖父李方庚便开始行医坐堂,走街串巷,沿用中医技艺,救治百姓;其祖父李鸿儒承继中医技艺,并致力于中医事业的发展研究,成为当地小有名气的中医;其父亲李同文承继中医发展,成为伏山镇卫生院的知名专家、宁阳县中医药发展领域的权威人士。

世代传承,把献身中医事业发展作为毕生信念

在中医世家修德明礼的家风影响下,在父辈行医的耳濡目染中,李秋溪担负起了中医传承发展的重任,坚定了从事中医发展事业的信念。从十几岁开始,他便跟随祖父把脉问诊、开方行医、救治病患,积累了丰富的实践经验,为无数病人解除了病痛。

同时,他坚持提升自己的中医理论水平,1997年通过自学考试完成了山东中医药大学中医专业的学习,2011年参加了滨

洲医学院中医专业成人高考,并成功被录取,之后以优异的成绩完成了学业。几年的中医学习生涯,从基础的业务知识,到最新的学术理念;从传统的中医理论,再到现代的医学科技,让他开阔了视野,更新了理念,也更加坚定了献身中医事业发展的信念。大量的临床经验与不断更新的中医理论相结合,使他在中医研究领域不断做出新的成就。他先后参与编写了《现代中医疑难病学》《中医诊断治疗学》等著作,为推动中医事业发展做出了贡献。

- 知行合一,把开拓中医发展新领域作为不懈追求

李秋溪常说,在中医研究上精益求精,这是父辈留给自己的道德信念,他将继续坚持这一信念以服务社会。2014年,伏山镇卫生院建设康复科的重任落在了他的肩上。他组建中医义诊服务队,自带设备和药品深入各行政村,传授"八段锦""五禽戏"等养生保健技能,免费开展了推拿、按摩、针灸、拔罐、艾灸等中医适宜技术服务,宣传推广了中医疗法,调查研究了群众的医疗需求,为卫生院康复科的建设奠定了基础。在科室设置上,他将单一的针灸理疗科发展成了推拿、按摩、针灸、拔罐、艾灸等科室相互配合的综合系统科室。在设备配备上,他先后投资40余万元,购置了体外冲击波、脑超声治疗仪、磁振热等仪器设备,使卫生院康复科的硬件实力在宁阳县首屈一指。在人才队伍建设上,康复科与泰安市中医医院、泰山疗养院、曲阜中医药学校、北京市中医院针灸科结成对子,先后派遣16名医生出去进修学习,打牢了发展的根基。短短几年时间,伏山镇卫生院康复科从只有30平方米的治疗室、两名医务

人员发展到拥有16个治疗室、康复设备40余件、床位40张的规模。康复科年出院病人近1200人次,门诊病人近3000人次,成为医院名副其实的龙头科室。近年来,该科室先后被确定为"泰安市中医工作综合示范区""宁阳县重点中医专科""泰安市优秀中医药科室"。

● 行进不止,把创新中医发展作为职责使命

李秋溪善于创新。多年的临床治疗,使李秋溪积累了丰富的经验,也攻克了多种疑难杂症,创新了中医疗法。他创制的"育麟逍遥汤",调理脾肾阳虚、宫寒不孕,治愈不孕不育患者100多人。他在学习贺氏针灸三通法(微通法——毫针治疗的方法,温通法——火针、艾灸治疗的方法,强通法——刺络放血的治疗方法)的基础上,创立了"温通活用变通法",治疗慢性小腿溃疡、下肢静脉曲张、皮肤瘙痒、牛皮癣、静脉炎等。他大胆创新整合医疗方式,牵头制订的综合系统治疗方案,取得了标本兼治的疗效。他先后探索出与外科协作治疗前列腺炎、与内科协作治疗脑血管病、与妇科协作治疗妇科病等成功的医疗模式,有效缓解了1000多名病患的痛苦。

● 淡泊名利,把崇德尚礼、知行统一作为为人标准

李秋溪淡泊名利。他说,父辈告诉我把一个成绩的终点,作为下个目标的起点,才能做到知行统一。工作中,他立足乡镇医疗发展实际,高点定位,超前谋划,规划建设了中医康复养生基地、乡医中医培训基地、中医适宜技术推广基地、中医文化展示基地和中西医结合临床实践基地"五位一体"的国医

堂，开设了中医专家门诊、针灸理疗、康复训练、中药熏蒸等 15 个诊疗室，配备了智能通络治疗仪、颈腰椎牵引器、中药熏蒸床、定向透药治疗仪、高中低频治疗仪等 36 种中医诊疗设备，把国医堂打造成了乡镇国医堂的发展标杆。

【启示】古人重修德，见之于"吾日三省吾身，为人谋而不忠乎？与朋友交而不信乎？传不习乎？"古人看中德行，与人相交，重修养德行，这也是君子之间彼此认同的一个重要标准。他们不论文武，不论阶级贵贱，都注重自身德行修养。中华民族五千年的文明传递出一个重要信息：培养高尚品德、注重自身修养是中华文化的重要组成部分。无论从事何种职业，坚定信念、知行合一、行进不止、淡泊名利，努力让自己的技术服务于更多人，这是最简单、最具体的修德。

【案例二】

晚清重臣左宗棠的家风传承

左宗棠强调耕读为本，认为读书的主要目的在于明理。他在给长子孝威的信中说："读书最为要紧，所贵读书者，为能明白事理，学作圣贤，不在科名一路也；如果是品端学优之君子即不得科第亦自尊贵，若徒然写一笔时派字，作几句工致诗，摹几篇时下八股骗一个秀才举人进士翰林，究竟是什么人物？"他还说："只要读书明理，讲求做人，及经世有用之学，便是好儿子，不在科名也。"在给儿子孝宽的信中，他这样说："诸孙读书，只要有恒无间，不必加以迫促；读书只要明理，不必望以科名。子孙贤达,不在科名有无迟早,亦有分定,不在文字也。"

左宗棠每言教子当以"义方",且自己知行合一,身体力行,言传身教。他一生为官清廉,克己奉公,融勤、廉、俭、惠于一身,并将此作为家风发扬光大。"勤廉俭惠"四字不仅激发了他身上的天地正气与家国情怀,成就了他一世英名,还给后世留下了宝贵的精神遗产和千古不朽的"义方"。左宗棠的子孙后代秉承左氏家训,正直立身,自强不息,代有闻人,这也彰显了左氏家训的恒久影响力和积极作用。

左宗棠家书

【启示】读书为明理,明理为修身,修身即为做人。曾国藩曾说:"吾辈读书,只有两事,一者进德之事,讲求乎诚正修齐之道,以图无忝所生;一者修业之事,操习乎记诵词章之术,以图自卫其身。"言传身教、知行合一,让后世子孙正直立身、自强不息是对家风最完美的诠释。

传承篇

【一】《礼记·大学》云:"古之欲明明德于天下者,先治其国;欲治其国者,先齐其家;欲齐其家者,先修其身;欲修其身者,先正其心;欲正其心者,先诚其意;欲诚其意者,先致其知;致知在格物。物格而后知至,知至而后意诚,意诚而后心正,心正而后身修,身修而后家齐,家齐而后国治,国治而后天下平。自天子以至于庶人,壹是皆以修身为本。其本乱,而末治者否矣。其所厚者薄,而其所薄者厚,未之有也。此谓知本,此谓知之至也。"

〔译文〕古代那些要想在天下弘扬光明正大品德的人,先要治理好自己的国家;要治理好自己的国家,先要整治好自己的家族;要整治好自己的家族,先要提高自身的道德修养;要提高自身的道德修养,先要端正自己的内心;要端正自己的内心,先要使自己意念真诚;要使自己意念真诚,先要使自己获得知识;获得知识的途径在于认识、研究万事万物。通过对万事万物的认识、研究后才能获得知识,获得知识后意念才能真诚,意念真诚后心思才能端正,心思端正后才能修养品性,品性修养后才能整治自己的家族,整治好自己的家族后才能治理好自己的国家，自己的国家治理好了才能天下太平。从天子到平民，都要把修养自身道德作为根本。如果根本的修身被搞乱了，想要治国平天下是不可能的。把切近的修身、齐家看得不重要，反而去高谈治国平天下，从来没有这样的道理。这就是智慧的根本所在，这就是智慧的最高层次。

【二】"凡人多望子孙为大官，余不愿为大官，但愿为读书明理之君子。勤俭自持，习劳习苦，可以处乐，可以处约。此君子也。"

〔译文〕咸丰六年（1856）九月二十九日，曾国藩写信给九岁的儿子曾纪鸿说："普通人大多希望子孙们能当大官，但我不愿（自己的子孙）当大官，只求能成为读书而明白事理的君子。勤俭自持，习惯劳苦，可以享受安乐。这就是君子。"

（本编执笔：宁阳县大地金桥幼儿园　王娟）

第六编 诚实守信

通过推进家风建设，进一步倡导诚实守信的家风。在家庭中积极倡导诚信理念，引导家庭成员传承以信笃行、以诚兴业的优良品德，要重信用，守承诺，真诚做人，守信做事，做到诚信立身、诚信立家。

中华文化强调"言必信,行必果""人而无信,不知其可也"……像这样的思想和理念,不论过去还是现在,都有其鲜明的民族特色,都有其永不褪色的时代价值。

——2014年习近平在北京大学师生座谈会上的讲话

理念篇

"诚信"一词源于春秋战国时期,诸子百家对"诚"与"信"已有共识,到了唐朝则倍受推崇。《说文解字》中是这样解释诚信的:"诚,信也。信,诚也。"诚实,就是忠诚老实,不讲假话。守信,就是信守承诺,说话算数,讲信誉,重信用。诚实守信是中华民族传统美德的一个重要规范,也是革命传统道德的一个重要内容。

诚实和守信是互相联系的。诚实是守信的基础,守信是诚实的具体表现。不诚实,很难做到守信;不守信,也很难说是真正的诚实。

诚信不仅是一种世界观,更是一种社会价值观和道德观,无论对社会还是个人,都具有重要的意义。北京的同仁堂药店,建店三百多年,始终重质量、重服务、重信誉,其店规是"炮制虽繁必不敢省人工,品味虽贵必不敢减物力"。药店的药料选用十分讲究,"非其地,采非其时"的药材,坚决不用。正是讲求诚信,同仁堂的美名才传遍全世界,顾客遍及五大洲。

中国历代儒家经典著作中,对诚信之道的论述颇多,现摘录部分论述:

言必诚信,行必忠正。——孔子《孔子家语》

与朋友交,言而有信。——孔子《论语》

不信不立,不诚不行。——晁说之《晁氏客语》

无信人之言,人实不信。——《诗经》

信者,诚也,专一不移也。——班固《白虎通义》

诚,五常之本,百行之源也。——周敦颐《周子全书》

信者,无伪而已。——程颢、程颐《河南程氏遗书》

人而无信,不知其可也。大车无輗,小车无軏,其何以行之哉?——孔子《论语》

言必信,行必果。——孔子《论语》

夫信者,人君之大宝也。国保于民,民保于信。非信无以使民,非民无以守国。是故古之王者不欺四海,霸者不欺四邻,善为国者不欺其民,善为家者不欺其亲。——司马光《资治通鉴》

诚则是人,伪则是禽兽。——黄宗羲《孟子师说》

在中国几千年的历史长河中,存在过无数大家族,每个家族都有其至高无上的家风,在世代相传中,家风始终引导着整个家族的发展和族人的品性;普通家庭亦有家风,家长们会教导孩子端正诚信,诚实待人。家风虽不落字于纸上,却代代承袭,敬仰为先。诚信,这个千百年来被人们无数次谈起的话题,无疑是家风中最为关键的一部分。

中国人讲求"重义轻利"。重义,其实说的就是诚信。面对亲人、朋友,说到做到,是最大的诚信。只有家庭讲诚信了,才可以带动社会讲诚信、国家讲诚信。家风、社会风气是一脉相承的。

在社会生活中，诚信不仅具有教育功能、激励功能和评价功能，还具有约束功能、规范功能和调节功能。就个人而言，诚信是高尚的人格力量；就单位而言，诚信是宝贵的无形资产；就社会而言，诚信是正常的生产生活秩序的保障；就国家而言，诚信是良好的国际形象。诚信，在中华民族数千年的灿烂文化与悠久历史中扮演着不可替代的重要角色，已成为维系社会良性发展的重要准则，其于己于家、于党于国都有重要意义。正所谓"不信不立，不诚不行"。人无信义，寸步难行；讲信重义，方成大器。

操作篇

诚信是一种道德品质和道德规范。无诚则无德,无信则事难成。聪明而睿智的家长们一定能领悟到诚信教育的作用和真谛,那么就从现在做起,从身边的点滴小事做起吧,播下诚信的种子,给孩子以力量,使孩子赢得诚信这张人生的通行证!

◆▶ 教子智慧一

点滴做起　培养诚信

对孩子诚信品质的培养,要求家长既要有长期坚持的耐心、与时俱进的细心,又要深深扎根于日常生活中,把对孩子诚信品质的培养贯穿于家庭生活和亲子成长的全过程。

家长应要求孩子从小说真话,不说假话;做错事时勇于承认错误并能及时改正;不拿别人的东西,借了东西要还;做到"言必信,行必果"。

对于社会上那些坑蒙拐骗的行为,父母要态度鲜明地进行批判。要让孩子坚信,那些弄虚作假的行为是会受到惩罚的。

这样，孩子长大以后才能成为一个光明磊落的人。

父母要与孩子共同阅读一些有关诚信的图书，讨论有关诚信的话题，鼓励孩子多与人交往，在交往中感受诚信、思考诚信。

总之，父母要从点滴做起，从小事做起，培养孩子的诚信品格。

● ▶ 教子智慧二

榜样示范　引领诚信

父母要想培养出一个有责任心、以诚待人的孩子，就要以身作则，做诚信的表率。常言道："身教重于言教。"父母的行为对孩子来说是无声的语言，有形的榜样。

曾子是我国著名的思想家，有一次，他的妻子去集市上买东西，儿子哭闹着一定要去。可曾子的妻子嫌麻烦，就随便哄他一句说："你在家玩吧！等妈妈回来给你杀猪吃。"儿子果然不哭闹了，等着吃猪肉。

妻子回来后，曾子拿起刀就去杀猪。妻子感到很奇怪，就问丈夫："咦，不过年不过节的，你杀什么猪啊？"

曾子回答说："不是你自己说回来后要给儿子杀猪吃吗？"

"哎，我哄孩子玩呢，你怎么当真了，应付一下就算啦。"

曾子严肃地说："孩子可不是开玩笑的对象。他小，不懂事，凡事都要向父母学习，听从父母的教诲。如果父母说话不算数，欺骗了孩子，孩子就会认为人是可以欺骗的，会转而去欺骗别人。如此一来，孩子骗人就成父母教的了。而且，你骗了孩子，孩子以后就不再相信你了，你说的话他还听吗？"曾子的妻子恍然大悟。

曾子夫妇的这种诚信行为直接感染了儿子。一天晚上，儿子刚睡下又突然起来，从枕头下拿起一卷竹简向外跑。曾子问他去做什么，儿子回答："我从朋友那里借书简时说好要今天还的。虽然现在很晚了，但再晚也要还给他。我不能言而无信啊！"曾子看着儿子跑出门，会心地笑了。

"人无信不立。"为了培养孩子的诚信品质，在日常生活中，父母对待孩子一定要诚信，不要说话不算话。因此，父母在向孩子许诺之前一定要三思，不能言而无信。答应孩子的事情，就一定要做到；如果不能兑现，应及时向孩子解释，向孩子道歉，并做自我批评，让孩子从内心理解和原谅父母。如果父母一而再，再而三地言而无信，孩子会对父母产生不信任感，并认为说了话可以不算数，慢慢地他们也会这么做。

● ▶ 教子智慧三

营造氛围　共育诚信

父母要做有心人，为孩子营造愉悦的、讲诚信的氛围，以感染孩子的心灵，特别是家庭成员之间应相互信任。孩子尽管年龄小，却完全可以体会到家长对他的尊重和信任。要知道从小受到尊重、信任的孩子，会更加懂得怎样去尊重、信任别人和怎样得到别人的信任。

在有些家庭中存在着这样一种情况：一旦发现孩子说谎，父母就不分青红皂白加以苛责、训斥，甚至打孩子。有些孩子本来不想说谎，不敢欺骗父母，但因为对严厉的家庭环境感到畏惧，所以为了逃避惩罚，也为了让自己少受点皮肉之痛，就编造了各种各样的谎言。如果子女出现了类似的情况，做父母的就应该反思一下自己的教育方式。孩子认错后，父母不要再给孩子施加精神上的压力。正确的做法是，在一种轻松的环境中，告诉孩子说谎会有什么样的危害，告诫孩子说谎或许能让自己一时蒙混过关，但他人迟早会发现事情的真相，等真相大白之时，自己将处于一种尴尬的境地，失去父母、老师、同学、朋友的信任，久而久之别人就不愿再跟自己接近了。如此，孩子便会在愉悦互信的氛围中受到启迪，讲诚信的意识也会被逐步培养起来。

◆ 教子智慧四

满足需要　合理践行

有位美国学者曾到监狱里去访问了 50 个罪犯，研究他们是怎么犯罪的。他发现了一件很有意思的事：有一个罪犯说他是从撒谎走向犯罪的。他为什么要撒谎呢？在他小时候，家里兄弟姐妹好几个，有一次分苹果吃，其中一个苹果又大又红，他们都想要那个大红苹果。老大说："妈，大的红苹果给我吃。"妈妈瞪他一眼说："真不懂事，你怎能带头吃大的呢？"

这个罪犯回忆说，当时他观察发现，谁越说要，妈妈就越不给谁，谁不吱声或说了反话，谁就最有希望得到。这时他就撒谎说："妈妈，我就要最小的苹果。"

妈妈说："真是个好孩子，就把大苹果给你。"哎呀，好家伙，说假话可以吃到大苹果！啊，越想要就越不说，到时候，你"表现好"就可以得到。孩子为了吃大苹果而说假话，你看这就是妈妈的失误。

每个父母都希望自己的孩子诚实守信，不喜欢孩子撒谎。但是，许多孩子却表现得不尽如人意。究其原因，大多是后天的某种需要引起的，比如为了满足吃的、玩的需要，甚至是为了逃避批评、惩罚，这些都助长了孩子撒谎的恶习。

父母应该认真分析孩子的需要，尽量满足其合理的部分。满足孩子的时候应该从孩子的视角来分析他们的需要，认真倾听他们的心声。当孩子向父母讲述了他们的需求后，父母应该跟孩子一起分析，让孩子明白哪些是合理的、正确的，然后及时满足孩子的合理需求，拒绝不合理需求。在拒绝不合理需求的同时，要跟孩子讲明缘由。千万不要觉得孩子还小，或者觉得事情无关紧要就放任不管。长此以往，孩子会不断地强化不良行为，形成不良品格，最终带来不可弥补的遗憾。

诚实守信，是一个家庭稳定的根基，是一个家庭幸福的钥匙，是一个家族世代传承的保障。诚信是埋藏在人心底的品性。没有诚信，家庭成员之间就不会有亲密无间的关系；没有诚信，一个家庭就无法在社会中立稳根基；没有诚信，国家这个大家庭就不会和谐幸福。

让诚实守信先行，传承美好的篇章。

案例篇

山东省宁阳县北依五岳之尊——泰山，南邻中华文化圣地——曲阜，齐风鲁韵在这片土地上源远流长。一方水土养一方人。在这片热土上，每年都涌现出大量诚实做人、守信治家的典范。

【案例一】

信义兄弟家庭：信义挺脊梁 忠厚传家风

良好的家风在言传身教中传递道德的风尚，在潜移默化中涵养朴实无华的情怀，山东省宁阳县鹤山镇的信义兄弟家庭就是这一种传承的典型代表。他们经营的金麦香面粉厂生意蒸蒸日上，但最让人们津津乐道的还是他们同心同德、同向同行的家风。2016年12月，信义兄弟家庭入选第一届全国文明家庭，2018年9月被评为"诚信之星"。

信义源于家中的"老思想"。想当年，王家四兄弟出生后，爷爷为他们依次取名"义、庚、智、信"，把家风牢牢地印刻在兄弟四人的名字上，希望他们代代传承下去。

"先供心再做事,有人品才有生意。"这是爷爷一直念叨的一句话。爷爷当年下乡染布,不奸不诈,价格公道,在十里八乡有口皆

中国诚信之星颁奖典礼

碑。父亲王守平曾是生产队有名的"老黄牛"。邻居撂荒了三亩薄田,他牵着自家耕牛帮忙犁地,当年才没绝产。逢年过节,他还拎上鸡蛋、米、面去困难户家中看望……

2011年中秋节,81岁的老父亲王守平在骑车回家的路上遭遇车祸。那年的中秋节,一家人是在医院急诊病房外焦急度过的。万幸的是,因抢救及时,父亲没有生命危险,可是落下了半身不遂的后遗症。看到原本身体硬朗、能下地种菜的父亲如今躺在病床上,吃喝拉撒全都需要照顾,王家兄弟一时很难接受。肇事司机更是忐忑不安,匆忙四处筹钱,等待王家兄弟"狮子大开口"。"再多的钱也换不回父亲的健康,一家人已经陷入悲伤,不能再让另一个家庭塌了天。"望着满脸愁容的肇事司机,他们做出了令人意外的决定:当天让他从交警队提走了事故车,并表示不再追究法律责任。除住院花费的10000元,王家兄弟没再要肇事司机一分钱。王家兄弟的宽容大度,让肇事司机既愧疚又感激,事后隔三差五地提着礼品来看望老人,两

家竟走成了亲戚。三年来，老人一直由退休在家的老二悉心照料，但他丝毫没有怨言，"他们兄弟三个做生意不容易，我没事多出点力，他们有空过来看看就成"。

好的家风胜过万贯家财，时时刻刻影响着家庭成员的一言一行。"亲兄弟一母生，家里黄土何必争，一家房份一家主，唯有和睦为弟兄。"母亲茶余饭后也经常教育弟兄四人。"做人诚信""心存善念""乐于助人""和睦"的家风，潜移默化地影响着兄弟四人。遇到事情，兄弟几个总会想起长辈的叮嘱，"至少不抹黑我们的名字！"

对信义兄弟来讲，长辈以"信义"来要求他们，他们就以此来约束自己的行为，进而养成"信义"习惯，成就"信义"人生。俗话说："买卖好做，兄弟难搁。"信义兄弟所经营的企业，员工多是亲戚、邻居，但他们都相处得十分融洽，从没红过脸。正是因为以心换心、相互理解，兄弟间才合作得默契有加。共事时间越长，感情就越深。父辈的言传身教，让家里的年轻人都很注意言行举止。"服务一定要热情周到，要让客户满意而归。"在财务科工作的儿媳说。平时，每一笔业务她都谨慎细致，不少客户的一分钱。有一回，泰安市山口一食品加工厂派人送来121600元的订货金。她接到钱一清点，发现多了7000元，立马打电话将多的钱退了回去。"如果收到假钱，自己就留下，不能让假钱流到社会上害人，现在都攒了很多啦。"

良好家风的传递，既影响着家族的延续，也给企业带来了源源不断的正能量。面粉厂成立之初，信义兄弟就将"诚实是美德，信用是生命"的醒目红字写在厂区最显眼的墙上。这是他们多年来做生意的信条，也是家风的延续。不久前，汶上前村的一个村民前来存粮,不小心将一万元钱遗失在厂内,正巧被厂里的员工发现,并放回办公室。没等意识到丢钱的村民返回来,大哥王长义早就在办公室等着他了,村民一个劲地感激:"都说金麦香讲诚信,果真不假。"如今,在面粉厂经常会看到这种情形:传送带坏了,装卸工拿起工具自己修好;为了不打扰别人休息,凌晨送货的驾驶员自己开门送面;磨粉车间出了问题,管技术的专家一连几天加班,却从不提加班费。

不奸不诈、价格公道,诚信让"信义兄弟"的企业得到了长足发展,其面粉制品畅销周边市县。

【启示】"长信义,得发展","先供心再做事,有人品才有生意",好的家风,胜过万贯家财,时时刻刻影响着家庭成员。王长信、王长义兄弟自1984年从事收粮生意起,就将爷爷传承的"义、庚、智、信"家风铭刻在心。

"信义兄弟"家庭以"诚"待人,以"信"谋事,以"义"修身。他们在言传身教中传递道德的风尚,在潜移默化中涵养朴实无华的家风。他们用信义换来生意的蒸蒸日上,更打造出一片明媚的信义晴空,播撒着光彩四溢的美德光芒。

言忠信,行笃敬,代代相传的信条,在王长信、王长义兄弟家庭中得到了坚守和传递,散发出灿烂的精神之光,温暖着这个时代的道德脉搏。

【案例二】

传承信义家风

李 波

初夏的一天上午，艳阳高照，热气逼人，在宁阳县乡饮乡赵厂村东南隅的一座农家小院里，一位肤色黝黑、精神矍铄的老人，正在叮叮当当地敲打着制作锡壶。他就是民间手工艺人李会宝。会宝大叔制作的紫砂文人锡壶，名扬岱岳，享誉齐鲁，曾多次在省内外名优新特产品展览会上获奖，并被宁阳县博物馆收藏，备受紫砂锡壶爱好者的青睐。每年都有众多客户慕名而来，登门造访，请他制作紫砂文人锡壶。

会宝大叔年轻的时候种过田，做过生意，还当过民办教师。1975年掀起了紫砂热潮，会宝大叔偶然间看到了一本关于锡壶鉴赏的专业书籍。他如获至宝，潜心钻研，想方设法赶赴一家制作紫砂壶的企业参观学习。回来后，他就迷恋上了锡壶制作，一发不可收拾，一干就是40多年，并且将这门民间手艺传给了他的儿子。会宝大叔制作的紫砂文人锡壶端庄温厚、古朴典雅、意蕴丰富、博人喜爱，这源于他对非物质文化的执着追求，源于他对民间工艺的精益求精，源于他对信义家风的恪守秉承。

在村里，李氏家族是大户人家，祖辈中有很多人依靠做小本生意养家糊口，信义家风得到了世代传承。会宝大叔是"文革"时期的老三届高中毕业生，称得上老辈人里的文化人。他常常对小字辈们讲："宁失利不失义，不能昧着良心赚不义之钱。"几十年来，他始终坚守着这一信条。2013年冬天，一位慕名前来的大连客人说,父亲在网上查到紫砂文人锡壶产自山东宁阳,派他专程前来购买。客人欣赏过会宝大叔家中的紫砂锡壶后,觉得都不中意,提出按照老父亲的意愿,请会宝大叔重新制作一把"三足金蟾"图案的紫砂锡壶,期限是三天。当时家中正巧没有壶头原料,会宝大叔第二天清早便骑上那辆伴随他多年的大金鹿自行车,冒着凛冽的寒风,赶往曲阜购买上等的紫砂壶头,回到家时已近黄昏。他足足忙了两个昼夜,经过熔锡、雕刻、塑形、焊接等一系列的烦琐工序,一把栩栩如生的"三足金蟾"紫砂锡壶终于制作成功了。壶盖银光熠熠,壶嘴为蟾蜍造型,壶体雕刻"福祉咸亨"四个篆体字。紫砂壶原本就是壶中之王,在外面镶嵌上憨态可掬的动物,又配上文字,更加彰显浓郁的文化气息。大连客人看后笑逐颜开,对会宝大叔精湛的手工技艺和信义人品赞不绝口:"您老紫砂壶做得精致,做人更是诚实守信!"客人没有讨价还价,当即就掏出1000元钱。但会宝大叔婉言拒绝,只收下了400元钱,并笑着说:"来者为客,俺不能因为你是外地人就宰客!"大连客人带着精致的紫砂锡壶,带着对一位信义民间匠人的敬佩,满载而归。

　　那是前年秋天的一个下午,下着大雨。我正在家养病,突然一阵急促的门铃声响了起来。我开门一看,见会宝大叔和我大婶子浑身湿漉漉地站在门口。二老进屋后,大婶子向我讲述了事情的经过:县烟草公司的一位退休干部,两天前电话预约定做了一把紫砂锡壶,要求必须按时交货,但那天正赶上会宝大叔崴了脚,于是就让大婶子用三轮车拉着他去准时送货。我被会宝大叔这种守信的举动深深地感动了。是的,会宝大叔早年打锡壶无论是走街串巷,还是赶集下店,一直秉承生意人应有的信义宗旨。他不仅锡壶做得精美绝伦,在践行李氏信义家风方面,更是十里八村家喻户晓,众人皆知。

好的家风犹如春雨,对子女的影响润物无声。会宝大叔除以身示范外,还常常教导后辈们做人行事要恪守诚信。记得几年前我的堂妹在县城开了一家小餐馆,生意做得有声有色。会宝大叔隔三差五就来餐馆监督,并告诫堂妹要诚信经营,从食材采购到烹饪制作都要严格把关,从环境卫生到服务态度都要进行检查,确保食客吃得放心,吃得称心,吃得开心。他常常把这句话挂在嘴边:"诚招天下客,誉从信中来。"他时刻提醒堂妹信誉为先,信义赚钱。也正是在会宝大叔这种潜移默化的熏陶之下,堂妹的小餐馆回头客络绎不绝,生意红红火火。

家庭是圃,孩子是苗。家风是一种无言的教育、无字的典籍、无声的力量,在日常生活中潜移默化地影响着孩子的心灵,塑造着孩子的人格。我的堂弟也正是在这种信义家风的影响下,在兖州开了一家汽车维修店。一天下午,一位顾客进店修车,自称是某运输公司的汽车司机。车修好后,他恳求堂弟在账单上多写些零件,回公司多报销,还说一定会给好处费。堂弟坚定地拒绝了。面对诱惑,堂弟没有动心。事情虽小,却折射出一种闪光的诚信品格,验证了信义家风的教育效果。会宝大叔不仅教育儿女们做生意讲诚信,也用通俗的语言教育上小学的孙子"言必信,行必果"。他在孙子幼小的心灵深处播下信义的种子,教导孩子说老实话、办老实事、做老实人。有一次,会宝大叔带着孙子去邻居家串门,孙子很淘气,不小心把邻居家的花瓶打碎了。当时邻居正好出去买菜不在家,孙子就想趁机一走了事,会宝大叔说什么也不愿意,让孙子必须等邻居回来当面道歉，并且陪孙子一同去商店买了一个同样的花瓶进行赔偿。他教育孙子诚信要从小事做起，从一点一滴做起，从小就要做个讲诚信的人，传承李氏家族的信义家风。

【启示】会宝大叔钟爱着民间工艺，不但紫砂文人锡壶手艺精湛，远近闻名，而且弘扬"宁失利不失义，不能昧着良心赚不义之钱"的淳朴家风，向邻里乡亲传递着满满的正能量，造福子孙后代，演绎着一个个动人的信义家风故事。

诚信是金，是与人合作交往的通行证。诚实使人放心，守信能赢得别人的信任。只有当别人感受到我们的真诚、信用之后，才会相知不疑，真心实意地与我们相处，共谋成就。

中国自古以来就注重诚信。西汉董仲舒将儒家经典思想扩充为"仁、义、礼、智、信"，称为"五常"。无论是个人小家，还是社会国家，都不可无信而立。家是最小国，国是千万家，小家之信是国家之信的根基。礼仪忠孝传家训，诚信和谐扬家风。

【案例三】

杨瞻诚信无私

杨博是明朝著名的大臣，他的父亲杨瞻做过商人，曾经在淮扬经商。一次，一位从关中来的盐商，将一千金寄放在杨家，请杨瞻代为保管。不料那盐商竟然一去不回，杨瞻不知如何是好，便将那一千金埋藏在花盆中，上面种植花卉，并派人到关中去寻找。后来，他派去的人终于打听到了盐商的家，不料那盐商已经去世了，家中只有一个儿子。

杨瞻得知消息后，便邀请盐商的儿子到杨家来，指着花盆说："这是你父亲生前让我代为保管的钱，现在就交由你带回去吧！"盐商的儿子感到非常惊奇，不敢收取。杨瞻说："这是你家的财物，何必推辞呢？"于是他把事情讲了一遍，盐商的儿子深受感动，叩谢之后就带着那笔钱回去了。

后来杨瞻的儿子杨博中了进士，官至吏部尚书。杨博的儿子杨俊民也中了进士，官至户部尚书。杨瞻受人之托，忠人之事。托寄人发生变故，不来取回钱财，杨瞻不为钱财所动，不但不动贪念，而且千里迢迢寻访，并将财物交还给他的后人，彰显了高贵的品格。

【启示】古人历来重视道德修养，把诚信作为道德修养的最基本内容。正所谓："忠信谨慎，此德义之基也；虚无谲诡，此乱道之根也。"古往今来，凡是品德高尚的人，都是诚实守信的。只有诚信的人，才能心智清明，择善而从。而诚信一旦缺失，就失去立身之本，还会影响一个国家民族的生存和发展。一言足以兴邦，一诺岂止千金。

【案例四】

商鞅立木取信

商鞅任秦孝公之相，欲为新法。为了取信于民，商鞅立三丈之木于国都市南门，招募百姓中能把此木搬到北门的，给予十金。百姓对这种做法感到奇怪，没有人敢搬这块木头。然后，商鞅又布告国人，能搬者给予五十金。有个大胆的人终于扛走了这块木头，商鞅马上就给了他五十金，以表明诚信不欺。这一立木取信的做法，终于使老百姓确信新法是可信的，从而使新法顺利地推行实施。

〔解析〕商鞅立木取信是战国时期发生在秦国国都的一件事。当时商鞅变法推出新法令，生怕民众不信任，就放了一根木头在城墙南门，贴出告示说如有人将这根木头搬到北门就赏十金。所有民众都不信。直到将赏金提升至五十金时，才有一壮士将木头搬到了北门，商鞅如约赏给了他五十金。商鞅此举获得了民众的信任，其变法也得以顺利开展。

【启示】人无信不立。无论是对于个人，还是团体、国家而言，都是如此。

【案例五】

经营人心

清代乾隆年间，南昌城有一点心店主李沙庚。最初，他以货真价实赢得顾客满门。但赚钱后他便掺杂使假，对顾客也怠慢起来，生意日渐冷落。一天，书画名家郑板桥来店进餐，李沙庚惊喜万分，恭请他题写店名。郑板桥挥毫题定"李沙庚点心店"六字，墨宝苍劲有力，引来众人观看，但还是无人进餐。原来，郑板桥故意把"心"字少写了一点。李沙庚请求补写一点，郑板桥却说："没有错啊，你以前生意兴隆，是因为'心'

有了这一点。而今生意清淡,正因为'心'少了这一点。"李沙庚听后深思许久,知道了经营人心的重要。从此以后,他痛改前非,又一次赢得了人心,赢得了市场。

【启示】人心是一笔无形资产,是一笔不可忽视的巨大财富。对于企业、商家而言,经营人心是事业健康、持续发展的关键。

新时代　新家风　育新人

传承篇

琅琊王氏家训

琅琊王氏家训总训（魏晋·王祥）

夫言行可覆，信之至也；推美引过，德之至也；扬名显亲，孝之至也；兄弟怡怡，宗族欣欣，悌之至也；临财莫过乎让。此五者，立身之本。

〔译文〕言行能一致，是信的极点；把美名推让给别人而自己承担过失，是德的极点；传播好名声使亲人显赫，是孝的极点；兄弟和乐，宗族欢欣，是悌的极点；在财物面前没有比谦让更好的了。这五条，是立身的根本。

山东临沂琅琊王氏家族，是我国古代顶级门阀士族，位居晋代四大盛门"王谢袁萧"之首，素有"华夏首望"之誉称。《二十四史》中记载，从东汉至明清1700多年间，琅琊王氏共培养出了以王吉、王导、王羲之、王元姬等为代表的35个宰相、36个皇后、36个驸马以及186位文人名士。

以信为首，以行达信，开门施教，贵在待人。王氏家训把处理好人与人之间的关系放在首位，把"信"作为立身处世的第一要务。它摒弃了"死读书"关门式的教育方式，教育后人走出家庭，诚信地与人交往。

家庭环境是孩子成长的土壤，成功人士身上所拥有的宝贵品质，往往源于他们的父母。孩子的优良品质的养成离不开父母的言传身教，做父母的要时时注意自己的言行，做好孩子的榜样。

（本编执笔：宁阳县职业中等专业学校　张祥梅）

第七编

仁爱孝悌

通过推进家风建设，进一步倡导仁爱孝悌的家风。大力传承百善孝为先、家和万事兴、忠厚传家久等中华优秀传统美德。夫妻之间忠诚恩爱、包容接纳、责任共担；亲属、邻里之间友好相处、团结和睦。家庭成员日常生活温馨乐观、彼此扶助、相濡以沫，遇到困难不离不弃、舍己为家、尽心尽责。

发扬光大中华民族传统家庭美德,促进家庭和睦,促进亲人相亲相爱,促进下一代健康成长,促进老年人老有所养,使千千万万个家庭成为国家发展、民族进步、社会和谐的重要基点。

——习近平主席在 2015 年春节团拜会上的讲话

理念篇

仁：本指人与人之间相互亲爱。孔子把"仁"作为最高的道德原则、道德标准和道德境界。

爱：对人或事有深挚的感情，重视并加以保护。爱是一种感觉，一种体味，一种身心超越现实的纯美反映。

孝：古人认为，孝不限于对父母的赡养，更应着重于对父母长辈的尊重，如缺乏孝敬之心，赡养父母也就视同于饲养犬马，乃大逆不孝。

悌：指对兄长的敬爱之情。孔子非常重视悌的品德，其弟子有若根据他的思想，把悌与孝并称，称之为"仁之本"。

"仁"最初指人与人之间的一种亲善关系。仁是人与人的关系，并且首先是亲属关系。所以，儒家的仁爱非常重视爱亲人，即血缘亲情之爱。孔子非常重视孝悌，主张处理一切人伦关系都要从孝悌做起。《论语·学而篇》："弟子，入则孝，出则悌，谨而信，泛爱众而亲仁。行有余力，则以学文。"这里把孝悌作为人生道德实践的开端，强调其基础性和重要性。孝悌也是实现"仁"的根本。《论语·学而篇》："君子务本，本立而道生。孝悌也者，其为仁之本与！"朱熹注："孝悌行于家，而后仁爱及于物，所谓亲亲而仁民也。故为仁以孝悌为本。"孝悌是仁民爱物的根本，表明"爱人"要从孝顺父母、尊敬兄长开始。如果一个人连自己的父母都不孝顺，他还有什么仁爱之心呢？所以，"孝道"乃道德伦理的根本与基础。唯能行孝悌者，才能去爱他人，因此，孝悌为仁爱之根本。

孟子进一步发展了孔子的思想，他认为："仁之实，事亲是也。"（《孟子·离娄上》）"亲亲，仁也。"（《孟子·尽心上》）《礼记·中庸》也曰："仁者，人也，亲亲为大。"这里的"亲亲"，包括爱自己的父母，也包括爱其他的亲属。仁爱当从侍奉双亲开始。

儒家孝道思想以《孝经》为代表，将对亲人的孝看成是沟通天地万物的基本人伦道德，且贯穿于人生的全过程，《孝经·开宗明义章》云："夫孝，始于事亲，中于事君，终于立身。"这一点，在汉代以后发展为"以孝治天下"，对中国文化产生了重大而深远的影响。《孝经·圣治章》又云："不爱其亲而爱他人者，谓之悖德；不敬其亲而敬他人者，谓之悖礼。"这话是符合道德逻辑的。一个人连生他养他的父母都不肯亲爱，还能真心实意地爱他人？仁爱思想是从家庭血缘亲情引申出来的。一个人只有首先爱自己的亲人，才会去爱他人。离开了亲情之爱，仁者之爱就成为无根之萍、无本之木。即使有这样的爱，也要么是虚伪的，要么是由功利需要引起的索取式的爱。正如盖楼房一样，不先盖第一层，怎么能够盖第二、第三层呢？所以，儒家思想认为，爱人，要从爱自己的亲人开始，然后推而广之去爱别人。

那么，如何做到孝呢？一是合乎礼。子曰："生，事之以礼；

死，葬之以礼，祭之以礼。"(《论语·为政篇》)意思是说，生前死后都能以礼待之，便是孝。二是真情实感。子曰："今之孝者，是谓能养。至于犬马皆能有养；不敬，何以别乎？"(《论语·为政篇》)就是说，赡养父母要有敬重的感情，不然，与对待犬马就没有区别了。在孔子看来，对父母长辈是否有敬爱之情，是人与犬马等动物的一个根本区别。"爱"作为一种价值信念，在孔子这里被赋予了人之所以为人的本质意义。

孝悌的真谛是为了促进家庭和谐。《论语·先进篇》记载孔子赞扬闵子骞："孝哉闵子骞！人不间于其父母昆弟之言。"意思是，这样的家庭成员称赞闵子骞的话，容易使人相信。悌道的基本原则是"兄友弟恭"，即兄长要关心爱护自己的弟妹，而为弟妹者要尊敬顺从兄长。"友"的含义有友好、友善、友爱、关心、爱护，是兄对弟而言的道德要求。而弟对兄而言的道德要求是"悌"。"悌"是"弟"的通假字，其义是恭敬、顺从等，"悌"就是要敬爱兄长。兄弟之间在传统家庭中最容易发生矛盾，往往会为了争权夺利而阋于墙，乃至干戈相见。历代皇子兄弟之间为争夺皇位而互相残杀的事情屡见不鲜，所以传统文化教育我们从小要学会处理好兄弟关系。父慈子孝、兄友弟恭，在社会道德生活中具有崇高的地位，广为奉行。

操作篇

"仁爱孝悌"是中华民族的传统美德,是中华民族道德人格的精髓。为人父母者,要将最美好的愿望和情愫传递,集慈爱与严格于一体,将关怀与激励融合,在潜移默化中滋润孩子的心灵,一代代传承下去。"仁、爱、孝、悌"的涓涓细流,从父母与子女、兄长与弟妹为主的血缘关系出发,推广到人与人之间,从念知长辈的养育之恩,推广到对社会上所有直接、间接地帮助过我们的人,升起感恩之心、恭敬之心、仁爱之心。

● 教子智慧一

讲传统故事　明孝亲之道

家风承载了祖祖辈辈对后代的希望与鞭策,也体现了中华民族的优良传统美德。从古至今,在中华大地上流传着很多孝亲故事,激励和感化着一代又一代人。

孔子的弟子子路,小的时候家里很穷,长年靠吃粗粮、野菜等度日。有一次,子路年老的父母想吃米饭,可是家里一点米也没有了。怎么办？子路想，翻过几道山，到亲戚家借点米，不就可以满足父母的愿望了吗？于是，小小的子路翻山越岭走了十几里路，从亲戚家背回了一小袋米。看到父母吃上了香喷喷的米饭，子路忘记了疲劳。邻居们都夸子路是一个孝顺的好孩子。

东汉时的黄香，是历史上公认的"孝亲"典范。黄香小时候，家境困难，十岁时母亲去世，父亲多病。夏天闷热，睡前他就用扇子扇凉父亲睡觉的床和枕头，以便让父亲早一点入睡；寒冷的冬夜，他先钻进冰冷的被窝，用自己的身体暖热被窝后才让父亲睡下。

当然，孝亲，不仅要孝敬自己的父母，还要孝敬身边其他的老人，照顾爱护年幼的兄弟姐妹，营造尊老爱幼的淳朴民风，做孩子们的榜样。

▶ **教子智慧二**

借传统节日　行孝亲之礼

传统节日是一个民族非物质文化遗产的重要组成部分。在端午、清明、中秋、除夕等中国传统节日，父母要与孩子一起行孝亲之礼，做孝亲之事，通过交流互动，拉近彼此之间的距离，营造和谐的仁爱孝亲氛围。每逢春节，在全国各地的车站都能看到外出务工人员提着大包小包、排着长队等着乘车返乡的情景，甚至有不少人选择骑摩托车载着家人一同返乡陪父母、孩子过年。那股执着劲，令人感动。不为别的，就为回家看看家人,吃顿团圆饭,和家人说说知心话,这就是中华传统节日的力量。古人也是如此。"独在异乡为异客,每逢佳节倍思亲。遥知兄弟登高处,遍插茱萸少一人。"这首诗描写了重阳节唐代诗人王维在异乡对家人的思念之情,令人动容。

晚辈敬爱长辈,任何时代都不会改变。父母要借传统节日,引导孩子做仁爱之事,行孝亲之礼,感受人与人之间的温情。

教子智慧三

借日常生活 传仁爱之美

孝老爱亲是一种无言的教育、无字的字典、无声的力量,父母要以身示范,赡养老人、疼爱子女。

周末带孩子一起回家,帮老人打扫卫生、洗洗衣物;老人生病时,与孩子一起照顾老人;在条件允许的情况下,陪老人出行游玩……都是很好的孝亲举动。

有个孩子非常喜欢吃香葱煎饼,他妈妈每次做饼的时候,都会专门多做几个,然后让他用漂亮的小篮子装好,送给隔壁家的奶奶和小哥哥吃。孩子每次送去的时候都很开心,因为他会收到隔壁奶奶的赞美,还有奶奶回赠他的小礼物,他与小哥哥的关系也十分友好。

《大学》云:"一家仁,一国兴仁。"意思是"一家仁爱,一国也会兴起仁爱"。如果我们有仁爱之心,且在家庭内传递,家庭的仁爱便会在社会上广泛传播,形成良好的社会风气。

案例篇

● ▶【案例一】

稚嫩的双肩为家庭撑起一片天

悠久的传统文化滋养着我们,家住山东省泰安市宁阳县堽城镇南宁村的古海洋,用实际行动传承着对孝道的理解。

古海洋三岁时,妈妈和爸爸离了婚,从此他便与爸爸、奶奶相依为命。爸爸患有间歇性精神病,奶奶患有脑梗,丧失了劳动能力,他成了这个家庭的唯一支柱。八岁起,古海洋就学会了做日常家务活:帮奶奶烧水做饭、洗衣服、打扫卫生……爸爸不能干农活,偶尔割点草,回来也是大汗淋漓,浑身上下都是泥土。每天放学回来,他总要给爸爸打好洗脸水和洗脚水再去做作业。爸爸每次洗脚时,脸上都会露出欣慰的笑容。看到爸爸的笑脸,他心里便感到很幸福。

爸爸每一次犯病时,总是自言自语,而且一说起来没完没了;病情加重时,就会用木棍敲打奶奶,而且一吃饭就吐。看着朝夕相处的爸爸的模样,幼小的他既害怕又难过,不知偷偷地哭过多少回。爸爸需要常年吃药调理,为了不给家庭增加负

新时代　新家风　育新人

担，竟有了轻生的念头。他知道后哭着说："爸爸，你不能这样啊，为了自己，也为了奶奶和我，一定要活下去！"他不放心爸爸，

孝老爱亲的道德模范古海洋

就把家里的一些钝器藏了起来。慢慢地，他长大了，成了爸爸的精神支柱，让爸爸有了活下去的希望，他知道自己不能倒下，要用乐观、勤奋和辛劳为这个家庭支撑起一片希望的天空。

"世界上最伟大的爱莫过于母爱。"在他心里，奶奶的爱比母爱还要伟大，奶奶是他生命中最重要的人。三岁时妈妈离开了，他几乎没有体会过什么是母爱，但奶奶给他的爱一点也不比母亲少。为了供他上学，为了维持这个家，奶奶受了许多苦，遭了许多罪。鸡蛋和肉是非常好的补品，但奶奶总舍不得吃，而是留给他。看着奶奶日益衰老，他心中有种说不出的痛，他发誓要好好地照顾奶奶。

在家里，洗衣做饭，打扫卫生，只要他能做的事，就从来不让奶奶帮忙。上初中后，本应住校的他，经老师准许，中午可以回家服侍奶奶，照看爸爸。平时，家里的三亩地都是他来浇水、施肥。

炎热的夏天，抓"知了猴"在别人看来是种娱乐，而对于他而言，却是一种补贴家用的好办法。他把自己的"劳动成果"卖掉，只为了上学能多买几个本子、几支笔。当夏收时，奶奶

去地里收麦子,他就在家里做饭、烧水,照顾爸爸,然后帮忙把麦子摊开晒干。麦收时节的天气如孩子的脸,刚才还烈日炎炎,过会儿就乌云密布,豆大的雨点落下来,每当这个时候,小小的海洋就把耙子、扫帚都用上,使出全身心的力气把麦子堆起来并用塑料布遮住,还得冒雨去接仍在地里忙碌的奶奶回家。

过年的时候,别人家的孩子都会收到压岁钱,奶奶想让海洋和别的孩子一样快乐,就从低保里拿出十块钱来当压岁钱给他——那可是从牙缝里挤出来的呀!奶奶说:"拿着,咱不图别的,就图个吉利,俺也没啥好东西给你,乖孙子,只要你高兴,俺和你爹也高兴!"他流着泪接过钱,久久不能释怀。开学后,他把压岁钱和平时省吃俭用存下的一点零花钱一起捐给那些更困难的同学,因为他们更需要钱。"我快乐,我要用积极的态度去回报社会。"他这样说。

2008年是他家最不幸的一年。家里遭遇了一场大火,里外被烧得一干二净。奶奶心痛得几乎要晕过去。虽然当时三口人不在家,幸免于难,但仅有的一点粮食却全烧没了,家里仅有的家电——一台黑白电视机也被大火吞噬。奶奶说:"可苦了咱家海洋了,别说电脑了,现在家里连个电视都没有了。"他劝奶奶说:"多亏没买,要不我怎能考个第一名回报您啊!"

知识能改变命运。学好文化知识是改变自己和家庭的最便捷的途径,优异的成绩是用汗水和努力换来的,没有什么比好好学习更能让爸爸、奶奶感到欣慰。小海洋用废纸板做成英语单词卡,用橡皮筋捆起来,一有空就抽出来背;把抄着数学题的小本揣在口袋里,一有空就拿出来做。同学们都有辅助资料看，他没有钱买，就借同学的看。在学习上，他是同学们的"小顾问"。帮助别人让他感到快乐，看着同学们的成绩有所提高，他打心眼里高兴。初一上学期期末，他以728分的成绩名列堽城镇第一；2013年他被评为"泰安市励志成长成才优秀学生"；2014年被评为第二届"十大最美宁阳人"和"2014年度最美泰安人"。2015年4月，堽城镇教委办公室做出了《关于在全镇青少年中开展向"最美宁阳人"励志成长好少年和拾金不昧好少年学习活动》的决定。社会各界给予了海洋很多帮助：学校帮助他申请了寄宿生补助和贫困生救助；政府帮助他办理了生活补助和家庭低保；村里给他们家盖了新房子，四邻街坊纷纷伸出援助之手，送食物、衣服等生活用品。2011年，古海洋获得了国家贫困资助，2015年他以优异的成绩考上了宁阳一中。三年的高中生活转瞬即逝，古海洋用辛勤的汗水换来了2018年620分的高考成绩，被中国海洋大学录取。

【启示】古海洋，一个命途多舛的孩子，用孝心为奶奶、爸爸撑起心中的一片天！他是奶奶、爸爸心中的支柱。随着时间的推移，古海洋的孝心助力了爸爸身体的快速康复，爸爸又重新撑起了这个家。奶奶、爸爸的言行教化了他，让他在无字的家风里有勇气推开世界的大门。这个家更温暖了！

▶【案例二】

好大伯含辛茹苦十八载抚养侄儿成人

为了照顾弟弟的两个遗孤，他含辛茹苦十八载。虽然家境

贫寒,负担沉重,但他无怨无悔,靠着种地和打零工的微薄收入养活这两个孩子。他,就是宁廷祥,山东省泰安市宁阳县蒋集镇西北

宁廷祥

村村民。如今,两个孩子都已成人。哥哥宁方禄已成家,弟弟宁方祯已参加工作,这期间的酸甜苦辣只有宁廷祥自己才能体会。2017年8月,宁廷祥荣登"中国好人榜"。

"照片上这个人是我弟弟,这是我俩侄儿。当时我弟弟走得很不放心,一直紧紧攥着我的手。老母病妻,俩侄儿一个上四年级,一个才上一年级……"67岁的宁廷祥眼里噙着泪水,小心地摩挲着一张拍摄于1999年的全家福说道。

1999年,宁廷祥正值壮年的兄弟突患重病,几个月后就撒手人寰,家里的担子瞬间全部落在了宁廷祥身上:上有80岁老母亲需赡养,下有两个正上小学的侄子需照顾,还有那患有精神障碍的弟妹需要看护。宁廷祥没有退缩:"再难,也得为两侄儿撑起一个家。"宁廷祥回忆,他十几岁时就没有了父亲,所以自己更能体会两个侄儿内心的痛苦。"我得照顾好这俩孩子。"由于家里贫穷,宁廷祥一直没有成家。

送侄儿上学、下地干活、做饭洗衣、照顾老母亲和弟妹……成了宁廷祥的日常工作。待弟妹的病情稳定了,宁廷祥还得到附近村镇工地上做瓦工赚钱补贴家用。

2004—2005年，弟妹和老母亲相继去世，两个侄子也已经上了中学，宁廷祥的担子更重了。"最困难的时候就是孩子们上高中的时候，费用较多，但即使这样，我也得让他们继续上学，将来考上大学。"宁廷祥说，"学费一时凑不齐，我就卖粮食。"那段时间，他们爷仨儿还是靠着出去捡垃圾渡过的难关。

令宁廷祥欣慰的是，两个侄子一直很争气，从小学到高中，学习成绩一直名列前茅。哥哥宁方禄大学毕业后在武汉工作，弟弟宁方祯从青岛科技大学毕业后，在威海工作。

2015年腊月，灾难又一次降临这个家庭。宁廷祥在查体时查出患有食道癌，住院几个月花去了50000多元。两个侄子请假回家照顾大爷，守在大爷病床前端饭送药。身体稍觉好些，宁廷祥就让两个侄子回单位工作，还叮嘱不用挂念他。

"大侄子刚结婚，小侄子还没有对象呢！我得赶快养好身体。有我在，俩孩子才算有个家。"宁廷祥说。

一碟花生米和一碗炝锅面条，这就是宁廷祥大多数时候的饭。"真是舍不得吃。"据周围的街坊介绍，宁廷祥很少买菜、买肉，就连身上穿的衣服也是一个当兵的亲戚不穿了的迷彩服。"花那个钱干什么？能省点就省点，孩子们用钱的地方多的是呢！"宁廷祥说，"自己家的五亩地一年收成也就6000多元，现在自己也不能干零工了，更得省吃俭用，不给侄子们增添负担。"

知道家里的情况，两个孩子从小就格外的懂事。上高中时，哥哥宁方禄每月只问家里要100元的生活费，就是到了高三那年，每个月也只要150元的生活费。上大学后，兄弟二人在学校食堂里打工赚钱。兄弟俩发奋学习，每年都获得奖学金。为了给大爷减轻负担，每个暑假，兄弟二人都会在学校所在城市打工。

2013年，宁廷祥把房子重新粉刷了一遍，爷仨儿一起攒钱给家里添置了几件像样的家具家电。2017年春天，宁方禄和邻村的姑娘喜结连理。这也了了宁廷祥的一个大心事。

宁廷祥又从抽屉里拿出一张带相框的照片，那是宁方禄结婚时和媳妇及弟弟围着宁廷祥拍摄的一张全家福。他乐呵呵地说："这两张全家福中间隔了18年，老照片上的两个侄子现在都已经长大成人，我也算松了口气了。"

宁廷祥说："我现在得铆足了劲，给二侄子方祯娶个媳妇。"现在宁廷祥的最大愿望，就是看到二侄子成家。"两个孩子都成家立业了，我这任务才算完成，也算没辜负我弟弟临终的嘱托。"回忆起当年弟弟托孤，宁廷祥有些动情。

"大爷比我父亲还亲，没有他就没有我们弟兄俩的今天。"宁廷祥的二侄子宁方祯说出了这些年来隐藏在心底的话。"一个人供出两个大学生真是不容易。"谈起宁廷祥的事迹，周围的村民都纷纷竖起大拇指。

【启示】 身临逆境不退缩，面对苦难不抱怨，十八年的默默付出，只为挑起家庭的重担。宁肯自己苦一点，也要把两个侄子拉扯成人。日复一日，他像一颗坚韧结实的大树，伸出臂膀为两个孩子撑起一片天空，给他们带来家的温暖。大爱无声，他用乐观和坚强诠释着真爱的深厚和伟大。宁廷祥用自己的行动诠释了"老吾老以及人之老，幼吾幼以及人之幼"这句传世金句。

一

传承篇

孝子闵子骞的故事

闵子骞是孔子的弟子,也是我国古代著名的贤人,以孝行和刚正不阿的品格被孔子屡次称赞,也因此被后世作为"孝子"的楷模。关于闵子骞的故事,在《论语》《史记》以及《闵子骞单衣记》中均有记载。

闵子骞,春秋时期鲁国人,是孔子的得意门生。据西汉司马迁《史记》载:闵子骞少年时代曾被继母虐待,继母仅以芦花给他做冬衣穿,而她自己所生的二子却可以穿棉衣。有一次,闵子骞随父外出,父令其驾车,闵子骞因手冷不能握住缰绳。父不知情,斥责其偷懒,以马鞭抽打,衣服被打破后芦花飞出,父才知真相。回家后,父欲休妻,子骞跪求父,说:"母在一子寒,母去三子单。"父亲这才宽恕了继母。此后,继母对闵子骞视如己出。《论语》有言曰:"孝哉闵子骞!人不间于其父母昆弟之言。"闵子骞的孝行被后世盛赞,并列为"二十四孝"之一。后世有诗称赞闵子骞:"闵氏有贤郎,何曾怨后娘。车前留母在,三子免风霜。"除了对父母孝顺之外,闵子骞在其他方面的德行也被世人称道。

(本编执笔:宁阳县实验中学 党文东)

第八编

拼搏奋斗

大力弘扬"认真负责、精益求精、团结协作、持之以恒"的新时代宁阳精神,以不怕困难、迎难而上的拼劲,逢山开路、遇水架桥的闯劲,滴水穿石、绳锯木断的韧劲,拼搏创新,苦干实干,为建设富裕、文明、和谐、幸福的新宁阳贡献更多力量。

我国体育健儿在里约奥运会上的表现，展示了强大正能量，展示了"人生能有几回搏"的奋斗精神。实现"两个一百年"奋斗目标、实现中华民族伟大复兴的中国梦，就需要这样的精神。

——习近平在会见第31届奥林匹克运动会中国体育代表团时的讲话

理念篇

人生能有几回搏！体育竞技如此，各行各业莫不如此。"人生能有几回搏"的奋斗精神，是我们中国精神的重要组成部分，也是中华民族的传统美德。拼搏奋斗是一种迎难而上、坚韧不拔、克勤克俭、顽强拼搏、不畏艰险、不达目的誓不罢休的精神风貌和道德品质。它是指人们在一种理想、信念的驱使下，为达到一定的目标所表现出的拼命争取、全力搏斗的意志品质和精神状态。毫无疑问，人类社会所有物质文明和精神文明成果，都是人类努力奋斗的结晶。几千年的社会发展史，就是人类创造美好生活的奋斗史。

无论在什么时代，拼搏奋斗的精神都被人们视为成就事业必不可少的精神力量和崇高美德。我们的祖祖辈辈都像老黄牛一样，勤勤恳恳、埋头苦干、实干、顽强拼搏，创造着美好未来。改革开放以来，我们无数中国人更是以逢山开路、遇水架桥的闯劲，以滴水穿石、绳锯木断的韧劲，知难而进，迎难而上，战胜了一个又一个艰难险阻，攻克了许多难题，办成了许多大事。

新时期，在落实习近平新时代中国特色社会主义思想的伟大实践中，我们更应该发扬奋力创新、拼搏奋斗的精神，无论面前是荆棘坎坷、漫漫长路，还是千斤重负，都要义无反顾，负重奋进，用我们的心血和汗水来赢得和谐富强。拼搏的过程也许是辛苦的，但也充满了欢乐。在拼搏中，我们磨炼意志，体味人生，享受成功，这是多么幸福啊！

拼搏奋斗不仅仅是成年人的任务和职责，也是青少年学生需要发扬的精神。拼搏奋斗精神是成就事业、实现理想和目标的重要保障，是中华民族的优良传统和美德。

青少年学生培养拼搏奋斗的精神要从日常生活做起，努力学习，积极完成自己的学业；养成俭朴的生活习惯，不浪费，不贪图安逸；培养不怕困难、不怕挫折的精神，遇事迎难而上，不畏难而退。

操作篇

我们家长培养的不应该是温室中的花朵,而应该是越战越勇、越飞越高的雄鹰,我们要让孩子拥有坚强的翅膀,勇敢地飞翔在浩瀚的天空。一个人年少时的心理品质与精神品质将影响这个人的一生。在这个充满纷繁复杂竞争的时代,我们更需要培养迎难而上的拼搏奋斗精神。

●▶ 教子智慧一

营造积极拼搏进取的家庭环境

良好的家庭环境有助于孩子养成各种正确的态度和行为,能满足他们安全、爱、归属、尊重、成就感等多方面的需求。营造积极向上、和睦和谐的家庭氛围,就是努力在物质和精神上给孩子一个良好而舒适的成长环境。父母积极向上、勤奋好学的拼搏精神是孩子难得的优质教育资源。父母是孩子的第一任老师,父母的一举一动、一言一行都对孩子起着潜移默化的影响。如果父母只停留在道德说教上,且言行相悖,说一套,做一套，就会让孩子渐渐失去信任。"其身正，不令而行；其身不正，虽令不从。"父母要言传身教，做一个积极向上、拼搏进取的人，为孩子树立好的榜样，让孩子在发愤图强、全力拼搏的家庭气氛中成长，这对培养孩子的拼搏精神非常重要。

《鹰》的寓言故事中，有人问老鹰为何要在苍穹中培养自己的孩子。老鹰回答说："如果我贴着地面去教育它们，那它们长大了，哪有勇气去接近太阳呢？"在培养孩子的勇气上，老鹰做了良好的表率，为孩子创设了拼搏的氛围。老鹰的这种精神，值得每一位家长学习。若父母一碰到困难就唉声叹气、畏惧退缩，那么，孩子在无形中会觉得困难太可怕了，从而不敢面对困难，如此又何谈什么拼搏精神呢？

教子智慧二

制订明确可行的奋斗目标

一个人只有制订了明确的奋斗目标，才会拥有前进的动力。在失败挫折中得到成长，在困苦磨难中变得坚毅，在希望、失望的交替中获得快乐和满足，人生才会在跌宕起伏的过程中变得充实、精彩。明确的目标就像一盏明亮的航行灯，给孩子指引清晰的方向。只有具体可行的目标，才有利于激发孩子的活动兴趣，才有利于帮助孩子树立自信。父母应结合孩子的具体情况，帮助孩子制订符合自身实际的便于达成的目标，并鼓励孩子为此努力奋斗。

少年时代的周恩来，看到贫穷落后的中国备受帝国主义的欺凌，心中就萌生了"为中华之崛起而读书"的宏伟目标。为向这一目标进发，他饱受困苦和磨难，刻苦学习，不倦地追求知识和真理，为新中国的成立和建设奋斗终生。

在生活的海洋中，没有目标的人生，就犹如没有舵的船，终究会在茫然中迷失自己。只有树立明确的目标，才能活出无限精彩。为帮助孩子茁壮成长，家长可以和孩子一起制订具体的、可度量的、可实现的长远目标，然后将长远目标分割成每周、每月、每年的小目标，并定期回顾，了解完成的情况，温故而知新。

在孩子奋斗前进的路上，父母还要善于用语言和行动鼓舞孩子追求目标的勇气，为孩子的顽强拼搏提供动力。孩子一旦养成了自信、积极向上的性格和长大要做大事的志气，终生都会受益。

▶ 教子智慧三

正视成功和失败的切身体验

拼搏往往与磨难相伴，但培养孩子的耐挫力，并不是要让孩子一味地接受挫折教育，否则会导致孩子"斜视"世界，丧失信心，甚至产生悲观失望的心理。当孩子在人生的路上遇到磨难时，父母不要沮丧，不要埋怨，要对孩子说："跌倒了，爬起来！"我们既要让孩子有成功的快乐体验，也要结合所遇到的挫折与困难进行教育，两者有机结合，才能真正培养孩子良好的耐挫力与正确对待事物的态度。让孩子仔细品尝挫折带来的人生感悟,并且抬起头,一次又一次地对自己说:"我不是失败了,而是还没有成功。我相信,我能行!"父母还应该与孩子一起总结克服困难的历程,让孩子在品味成功的喜悦时,回味前进路上的艰辛,把克服困难与取得成功联系起来。

◆ 教子智慧四

培养勇于担当的责任意识

责任心对一个人的成长非常重要。有责任心就意味着敢于担当、懂得感恩,对生命有敬畏之心,对他人有友善之情,能恪守做人做事的底线,对自己和他人以及社会负责。一个人责任心的培养需要经过一个长期的过程,只有坚持不懈、持之以恒,才能培养出具有较强责任意识的、社会所需要的高素质人才。

首先,家长要重视各种竞赛活动,关注孩子的智力发展,培养孩子不断进取、顽强拼搏的责任心。学校、班级开展的一些竞赛活动,或者一些社会实践活动,父母都应重视,并通过这些竞赛活动,鼓励孩子在不断探索、解决问题的过程中,体验成功的喜悦,实现自我价值,更好地产生自我认同感。

其次,父母可以经常带孩子外出旅游或参加各种野外活动,这样既能开阔孩子的眼界,又能培养孩子独立自主、吃苦耐劳的品质,磨练他们的意志,提高他们的生存能力。另外,在家中还要适当安排孩子做些力所能及的家务,培养他们的劳动观念、劳动能力及责任感,让他们懂得珍惜劳动成果,学会生活。

相信孩子在父母长期的教育引导下，他们面对人生中的困难与挫折时，态度会更加积极、开朗、豁达。

● ▶ 教子智慧五

坚持适当的体育运动

生命在于运动。经常运动不但可以促进孩子身体的发展，提高孩子适应环境、抵御疾病的能力，还能培养孩子顽强的意志和善于合作的品质，进而呈现出热情活泼、积极向上的精神风貌。对孩子来说，很多游戏就是很好的运动项目，例如跳绳、跳皮筋、打沙包、跑步等。父母应当以身作则带头运动，做孩子的榜样。热爱运动的家长必然会教出热爱运动的孩子。

此外，父母要和孩子共同制订运动计划，可以是每天达到一定的运动量，也可以是每个月学会或提高一种运动技能。当然，目标的制订要切合实际，要让孩子"跳一跳可以达到"。每隔一段时间要评价一下完成情况，如果孩子完成得好，要及时给予表扬和鼓励，使孩子有成就感。父母应教育孩子，运动精神不仅仅体现在英勇拼搏上，还体现在礼貌和友善等细微之处；懂得无论是在比赛还是生活中，输赢都是次要的，真正的赢家属于那些顽强拼搏、奋发向上、永不服输，既捍卫自己的尊严、又懂得尊重别人的人。

案例篇

▶【案例一】

莫道桑榆晚　为霞尚满天
——记海斯摩尔生物科技有限公司总工程师周家村

"老牛自知黄昏晚，不用扬鞭自奋蹄。"刚见到 70 岁的海斯摩尔生物科技有限公司总工程师周家村时，他幽默地给出了自我评价。古稀之年的周家村仍痴迷于技术研究，来到宁阳的十二年间，他做了上万次试验；2015 年他被选入国家科技部专家库和国家标准委员会专家库。通过不断研究，周家村获得授权专利 50 项，其中国际发明专利 24 项；他的研究发明先后荣获中国专利优秀奖、山东省科技进步二等奖、中国纺织工业联合会科学技术进步一等奖等。

● 少年困苦担家业　刻苦求学意志坚

周家村整个青少年时期都是在艰苦中度过的。1949 年，母亲生他的时候已经 45 岁。1961 年，为他挡风遮雨的父亲因病永远离开了他，那年周家村年仅 12 岁。

周家村在"最美宁阳人"颁奖典礼现场

父亲这棵大树倒下了,周家村一夜之间长大了。饥饿的时候,他不再向妈妈要吃的,因为他知道妈妈比他还饿,妈妈省下的所有吃的都给了自己和兄弟姐妹。

穷人的孩子早当家。在那样一个艰苦的年代,周家村小小年纪开始干活挣工分。"人不能被困难吓倒!"这是小周家村的内心独白,是一种决心,更是一种志向,越贫穷就越要独立,越贫穷就越要好学,越贫穷就越要奋斗!

周家村高中毕业后就参加了工作,1978年的夏天,国家恢复了高考,他把握住了命运的转折点。经过努力,他考入了山东工业大学。"这是贫苦生活对我的馈赠。"周家村满怀感慨地说。

• 功成名就缘化纤　花甲之年勇攻关

毕业后,周家村回到老家潍坊,在安丘工业局工作。1988年,周家村受命组建了巨龙帘帆布厂,其间,他研发的"双浴法涤纶帘帆布浸胶工艺"填补了国内这一领域的空白,产品获得山东省优秀新产品一等奖,周家村本人被评为山东省纺织劳模。"现在巨龙化纤已经上市,黏胶纤维生产规模居全国前列。"周家村满怀自豪地说。之后,他受命组建当地棉纺织集团并出任董事长,此时的周家村,已经与纤维结下了不解之缘。

"国际上研究壳聚糖已有200多年历史,世界壳聚糖协会曾把壳聚糖称为'人体生命第六要素',是个好东西。"周家村说。曾经一段时间,美军士兵急救包里都有一块急救布,就是用高浓度壳聚糖溶液浸泡的止血绷带。研究初期,主要以深海雪蟹壳为原料进行加工。如何能从普通虾蟹壳中提取壳聚糖抽成纤维,并把它们"穿"在身上,成了周家村一直念念不忘的课题。

2004年退休后,周家村终于有了更多属于自己的时间。"我把纺织集团的股份全都退出来,领了个特殊贡献奖就回家了。"周家村笑着说。一回家,他就迫不及待地买来各种瓶瓶罐罐,到有关单位寻找壳聚糖片子,开始壳聚糖纤维的纺丝研究。

"壳聚糖片子的纯度,溶剂的类别、浓度,都直接影响到结果。"周家村说。经过三年的反复尝试,他终于用针管成功喷出了壳聚糖纤维第一丝。周家村兴奋地找到了在青岛大学任职的好友。"壳聚糖属于边缘科学,大家都认为国内没有装备可织造,更不可能工业化量产。"他让好友打听一个有实力的集团、一个有胆识的老板,而当时山东泰安宁阳华兴纺织集团正处于发展的瓶颈期,正在谋求转型升级之路,就这样,两者"结缘"了。

- 砥砺奋进求突破　海斯摩尔耀航天

"集团注册成立了海斯摩尔生物科技有限公司,为周老的研究提供了新的平台!"华兴集团董事长胡广敏说,"壳聚糖纤维具有优异的生物相容性、广谱抑菌性、生物安全性,天然生态,与人体亲和,有止血促愈等功能,将其产业化,不仅能让纺织业跨入一个蓝色新时代,而且还拓展了生物医学新领域。"为此,他提出建千吨级生产线的想法,周家村应下了这个挑战。

来公司任职总工程师后,周家村相继试验成功了100孔、1000孔、50000孔、300000孔喷丝的生产线。规模的每次扩大,都伴随着他的艰辛付出和不懈奋斗。"在试验50000孔喷丝板时,就直接睡在车间里了。"周家村感慨地说。当时因溶液黏度较大,纺丝轴连续断掉四根,后来他尝试在计量泵中加入锡纸片,最后终于成功抽出丝。

溶液脱泡是产业化纺丝非常重要的一步,纯壳聚糖纺丝液黏度很大,按常规脱泡方式根本无法实现。"找了很多设备制造商都说解决不了,用超声波也不行。"周家村说。当时他遍访全国各地,在翻阅一份国外书籍时了解到,高黏度液体可采取动态脱泡方法,随后他着手改进,终于成功。此项技术获得了美、日、英、德等多国发明专利。

2010年10月,集团接到中国航天部研发特种功能布的任务。60多岁的周家村立即组织科研攻关,四个月后,以壳聚糖纤维为核心原料织造的"海斯摩尔"研发成功,并得到航天部首肯。2012年,企业成为"中国航天事业合作伙伴",产品被应用于"天宫一号""神州八号"。2013年,公司获得了中国航天事业贡献奖。

2012年,1000吨纯壳聚糖自动化生产线正式运营后,周家村还成功设计了水刺、针刺、热风三条壳聚糖纤维非织造布生产线,填补了国内外此领域的空白。几年间,周家村主持起草了 GB/T 医用壳聚糖短纤维、壳聚糖纤维混纺针织等六项国家标准,企业生产的"海斯摩尔"系列内衣、面膜等,因其止血、抑菌的特殊生物学特性,打开了国际市场,每年为企业带来近 5000 万元的经济效益。

● 事必躬亲带团队　志存高远谱新篇

说起周家村,公司人人都竖起大拇指。"周老不仅教我们很多技术,工作也特别认真负责。"海斯摩尔生物科技有限公司总经理助理说。每个徒弟,都因他的循循善诱而取得了一定的成就。虽然他年纪最大,但他的学习和敬业精神却是很多年轻人不能比及的。

周家村在做科研

公司技术中心副主任杜衍涛便是其中一员。来公司的 10 年间,他一直在纺织车间一线工作。"2010 年的时候想离开,被周老申请留下并调入他的团队。"周老专门给他买来专业书籍,手把手带他做实验,带他参加学术交流。杜衍涛跟随周老参与了四项纯壳聚糖纤维国家、行业标准的制定,很快自己便能独当一面。

"带团队跟教学生一样,先做人再做事。"周家村说。他带队伍,第一个要求就是尊重别人,做到公正。下属犯错误时,他在批评的同时总会再讲一个相关的历史故事,令每个徒弟心服口服。几年来,12人的团队中,有6人荣获中国纺织工业协会授予的"纺织之光"科学技术进步奖一等奖和二等奖,2人荣获山东省科技进步二等奖,1人荣获宁阳县劳动模范,1人荣获宁阳县优秀共产党员。

平日里,周老更是闲不住。公司里的大小事情,大家都喜欢请教周老,而他总是乐意帮助每个人。"我在研究一套新智能设备,车间里的所有生产线、设备只要出问题,我在办公室都能监测到。"周家村说。突破技术难题是他最喜欢的事。

面对如此有"热情"的老伴,周家村的妻子则一直默默地陪伴其左右,支持着他。"她总说现在不缺吃不缺喝,干吗还这么拼命?"周家村笑着说。

壳聚糖纤维将来在医药、食品、化妆品等领域都可被广泛应用。虽然生产线已经研制成功,但产品还处于推广阶段,还有很多领域没有开发,他还要把更多的"热量"传给他的徒弟们,继续带好年轻的科技工作者,继续为山东的纺织服装事业做贡献,为中国的纺织服装事业做贡献,为中国的航空航天事业做贡献,并加快开发高端医疗器械产品,为人类健康事业做出新贡献!

- **殷殷深情教子女　拼搏奋斗家风传**

周老尽管工作繁忙,每天需要处理林林总总的事务,但他始终默默地关注着下一代的成长,细心聆听着孩子们内心的声音。每年正月初五,周家村都要组织家庭成员召开家庭会议,和孩子们一起交流分享思想动态、工作状况、人生理想。在这样简单的仪式中，大家凝神静思，畅所欲言，既了解了当下的自己，又明确了未来的目标，为不断开启新的人生航程注入强大的动力。

在孩子们人生的重要节点，周家村总是与他们倾心交流，分享各种励志故事，帮他们明确方向、定位目标、梳理方法、解决疑惑，为他们的发展进步加油鼓劲。在周家村的殷勤教导下，他的孙女韵硕成功当选安丘市"百名优秀中学生"，并获得赴北京游历清华、北大等高等学府的机会；他的孙女韵杰以优异的成绩考入中国海洋大学国际法律专业。即便孩子们已经很优秀，周家村仍然孜孜不倦、循循善诱地为孩子送上谆谆教诲——

> 韵杰，爷爷让你深思熟虑，你接着就回答了，你没有精心思考。我给你分了两个阶段，你先把第一段本科的学习、托福的学习做好。第二阶段研究生学习，根据你自己后两年的发展情况再定。韵杰啊，我现在要你聚精会神地学习，争取获得优异的学习成绩，可现在你是既不愿意又有压力，这让我很生气！习主席说，青春是用来奋斗的。奋斗就是幸福，奋斗就能实现你的梦想！
>
> 韵杰，我在机场看到一则新闻——《谢谢你，贫穷》，我认为这个新闻非常好，特发给你，请你学习，根据你的理解给我发个学习此文的心得体会。祝你暑假学习志满意得，为实现韵杰梦打下一个良好的基础。

共青团宁阳县委告诉我们,周家村作为宁阳青年创新创业协会导师,曾寄语青年企业家:

要创新,先立志,志能指引你在逆境中保持进取的精神,虽百工技艺,未有不本于志者。要创业须奋斗,青春是用来奋斗的,对想做、爱做的事要敢试敢为、敢于做先锋,正确对待一时的成败得失,努力从无到有、从小到大,为实现宁阳跨越式发展书写人生华章。

人生的旅途中,最清晰的脚印,往往印在最泥泞的路上,所以别畏惧暂时的困难,即使无人鼓掌,也要全情投入,优雅坚持……

【启示】一片壳聚糖,他一拿就是上千天;一根微细丝,他一提就是十几年。栉风沐雨,历经坎坷寻大道;霜染华发,夜间几度伴厂眠。拼搏奋斗,何计苦辛;家风永传,历久弥真。

◆▶【案例二】

心血凝尽仍恨少　情到深处痴几分
——记堽城镇保安村党支部书记王新广

王新广,男,汉族,中共党员,1958年出生,1976年参加工作,大专文化程度。现任堽城镇保安村党支部书记兼村委会主任。

新时代　新家风　育新人

在优良家风的熏陶下，王新广几十年如一日，拼搏奋斗，敬业爱民，坚持"权为民所用，情为民所系，利为民所谋"，用自己的行动谱写了一曲敬民、爱民、亲民、为民的时代赞歌！

● **传承拼搏家风　立志奉献人民**

家风是一个家族绵延传承的生活作风、处世态度、理想追求。良好的家风是家族兴旺之基、事业成功之石、为人民谋福祉之利器。几十年来，王新广和父辈们一起顽强拼搏、艰苦奋斗、服务百姓、奉献人民，谱写了一篇篇感人的华章。

王新广

王新广的父亲曾任埕城公社保安村第三生产队队长。当时，生产队的条件非常艰苦，老队长整天早起晚睡、埋头苦干，带领社员艰苦奋斗，使生活条件逐步得到改善。在父亲的影响和带动下，王新广高中毕业后回到了自己热爱的这片土地，小小年纪就立下了扎根农村、服务人民、奉献社会的宏大志愿。1982年，公社开始实施大包干。1984年到1987年，王新广担任村委委员；1987年之后担任村会计；1995年担任村主任，半年后又任村支书。一步一个脚印走过来，他熟悉了农村工作的点点滴滴，了解了百姓生活的疾苦。他有规划，有谋略，有作为，敢担当；坚持清正廉洁、勤政为民、干事创业，一步一个台阶地开创着保安村科学发展、跨越发展的新局面。

王新广这种敬业爱民的精神，也时刻鞭策和激励着他的儿女。他教育自己的孩子要本分做人、扎实做事，不要投机取巧；成功没有捷径，要用自己的勤劳和智慧创造幸福美好的生活。在他的殷殷教导下，孩子们拼搏进取、奋发图强，分别进入华宁矿业集团、兖矿集团总医院、县公安局等单位工作。他们在各行各业都展示出扎实本分、拼搏奋斗的精神面貌，深受领导和同事的好评。拼搏奋斗的传统家风已根植于他们的心中，成为几代人携手向前，实现自我、奉献社会、走向成功的"传家宝"。

● 情系一方百姓　服务温暖人心

作为一名农村党支部书记兼村主任，王新广同志深信：勤政是天职，廉政是底线，真正地用心谋政是关键。作为村干部，尤其是"一把手"，讲政治，就要讲对上负责；讲责任，就要讲对下履职服务。农村问题错综复杂，各种矛盾纠葛层出不穷，如何在解决复杂矛盾的同时，维护村民的利益，成为考验广大农村干部能力的一块试金石。因此，王新广不断从实践中累积经验，加强理论学习，逐渐认识到了作为一名村干部必须要多到困难和矛盾集中、群众意见多的地方去，真正了解他们的想法，这样才能使矛盾缓和，危机化解，自己也才能成为政治上的"明白人"和群众的"贴心人"。

2008年春，宁阳县委、县政府决定在海力大道北出口兴建宁阳公园，由此保安村220多间房屋必须彻底拆迁，受影响商户达46家。虽然县里明文规定可以适当补偿，但这里毕竟是黄金地段，商户们又都有留恋之心。起初，大多数人都不同意搬迁，并提出了较高的补偿要求。在事关全县大局的事情面前，王新广和他带领的村"两委"一班人员积极处理三者之间的利益关系，站在全县"一盘棋"的高度上，努力动员劝说拆迁户，更是到反对意见最多的几户村民家中去，了解他们的所思所想。他连续三天三夜，忍受着疾病的痛苦，渴了喝点矿泉水，饿了吃口方便面，不厌其烦地反复做他们的思想工作，终于提前保质保量地完成了整个拆迁任务。王新广的做法，既坚定不移地执行了全县"一盘棋"的思路，又确保了群众的利益少受或免受损害，受到了县委、县政府的高度称赞。

王新广同志的用心执政还体现在用服务温暖民心上。俗话说："支部好不好，就看服务到位不到位。"他知道，责任田承包到户30年不变的政策，有利于提高和激发群众的生产积极性，但由于一家一户解决不了生产环节上的难题，同时可能挫伤群众的热情，因此他首先想到的是用服务温暖民心。十几年来，他通过召开"两委"会，集体先后投资100多万元，利用国家"小农水"工程建设的契机，打井、铺设地下浇地暗管、新添浇地水嘴、建机房、安装浇地水泵、开挖蓄水池塘，建成了完善的浇地管网，同时购置了42台（部）各种农用机械，实行了统一耕播、统一浇灌、统一植保、统一收获的"四统一"免费服务，解决了群众在产前、产中、产后各个环节上的难题，同时减轻了群众的劳动强度。群众高兴地说："俺们村种地不用愁，不光国家给补贴，村里服务还很周到！"与此同时，王新广还不忘关注村里的弱势群体，帮助村里的残疾人和退伍军人申请国家补贴，给个别贫困户办理低保手续。

生产实现了机械化，生活质量也要大幅提高。因此，王新广又从彻底改变村容村貌入手，2013年争取资金90多万元，积极配合完成了"乡村连片治理"示范试点工程项目；对村西引汶干渠进行了景观整治；对村内主要街道、胡同、河渠、村外排水河道、村中空闲地进行硬化，地面铺设了花砖，墙面进行了统一粉刷，并制作了文化墙；对广场进行了重新绿化，配备了文体健身娱乐器械，还安装了饮用水净化设备，解决了群众健身娱乐的场所和饮用污染水的问题；让家家户户改造了厕所，使他们的家庭环境卫生焕然一新，并使有线电视、移动电话和网络入户率分别达到90%、100%和40%，极大地提升了群众的生活质量和幸福指数。2015年，村里投资6万余元在文化广场安装了LED大屏。每到晚上，村民就在广场上跟着大屏跳广场舞、看时政新闻，文化生活变得更加丰富多彩。如今，王新广让保安村人过上了城里人的生活，享受到了城里人的待遇。"出门不湿鞋，做饭不用柴，生产不用管，娱乐有场所，健康有保障"已成为保安村的真实写照。

- **广开增资渠道　开创致富新路**

身为村"两委"主要负责人，王新广始终懂得这样一个道理：自己干的是党的事业，谋的是老百姓的利益。对此，他深信，讲勤政为民就是讲事业心和责任心，讲为民服务就是真抓实干，不搞形式主义。他针对保安村人均不足一亩耕地的现状，全力在转方式、调结构上下功夫，在优质高产高效上做文章。

通过积极调研、外出考察，他针对村里的实际，经过村委会议和村民大会多次讨论，最终制订了村级发展计划。在他的积极运作下，全村先后发展起了黄瓜、豆角、芸豆种植，以及大面积圆葱种植、冬暖式大棚圣女红果种植，提高了土地的利用率。他还利用地处矿区、交通便利、货源充足的优势，采取"内资外资一起要，大小项目一起上"的办法，以"个人出、集体补、联合办"的方式，先后投资100多万元兴办起了运输队、贸易物流公司、花卉基地以及各类服务业项目10多个，使全村年收入达800多万元。对荒滩河道及边角地，他采取"三七"分成的管护模式，加快集体林权制度改革，发展林网30多亩，仅此一项，村集体年均收入12.6万元。他利用驻村纸箱厂、洗煤厂等多家企业，充分安置和吸收全村剩余劳动力就近就业，使每人每月平均收入2000元以上，全村年工资收入达600多万元。如今，结合本村实际，他又提出了保安村新的发展规划：驱动农业经济的轮子，突出加大投入、科技兴农、规模经营；驱动工业发展的轮子，承接县城科技产业，着重培植龙头项目，再造新优势，激活地域优势，实施挂靠工业大头，谋求新突破；驱动三产发展的轮子，服务科技产业园，开创群众致富新路子。

  这一桩桩实事、好事、暖心事，桩桩办到了保安村人的心坎上，凝聚着保安村人的智慧和力量，更凝聚着王新广的心血和汗水。通过这一系列切实可行的措施和发展规划的实施，保安村的发展成绩已经备受瞩目。不搞形式主义，不走过场，真抓实干，真正为村民谋福利，已经成为保安村全体村干部的共识。

• 弘扬正气清风　打造海晏河清

王新广工作38年来，始终以身作则、廉洁自律，堪称农村干部廉政的模范。他能正确对待手中的权力，做到权为民所用，利为民所谋，始终把体现全村人的意志和利益作为一切工作的出发点和落脚点。他不徇私情，秉公办事，做到了公正公平。他依据共产党员干部廉洁从政的规定，结合本村干部队伍实际，制订落实了保安村党员干部廉洁自律的12条"红线"和"三个雷区"，并把它作为全村党员干部队伍的"条规"。他重小事，慎小节，通过广播会、群众会，加强对村民的教育，严格制订落实保安村村规民约，力争做到小到一草一木、车辆排放、门前卫生、言行举止，大到红白喜事、邻里纠纷、计划生育、产业发展等，均有章可循；给全村人安上了"防火墙"，戴上了"安全帽"，让全村人都严格追求人格品德的完善；他注重防微杜渐，不断增强自己和班子成员拒腐防变的能力，把自己和村"两委"干部、党员始终置于广大群众的监督之下。

勤显绩，廉生威。王新广从不允许家人收受村民的礼品，不准家人接受企业老板的馈赠。另外，他和村"两委"干部从不在村民家和企业老板家吃请。所有这些，已成为他和村"两委"干部廉洁从政的"正气歌"。他带出了好的村风民风，使群众心服口服。

风清气更正，安定和谐得发展。这些年来，王新广和村"两委"干部用公正公平赢得了民心。保安村连续20多年保持了无计划外生育、无信访案件、无一干部党员违规违纪的记录，村里各项工作始有条不紊，受到了上级领导和全体村民的一致肯定。

　　保安村先后获得"泰山幸福 e 家园网络文化惠民工程示范点""市级文明村镇""泰安市农村基层党风廉政建设示范点""山东省生态文明村""山东省四德工程建设示范点""全省干事创业好班子""泰山先锋红旗党支部"等多项荣誉称号,王新广本人也于 2016 年被评为"山东省优秀共产党员"。面对一枚枚闪闪发光的奖章、一张张奖状、一阵阵如潮如雷的掌声,以敬业奉献为己任的王新广并没有陶醉,没有止步,而是以更加清醒的认识、更加顽强的斗志和对事业的执着追求,全力攻坚,奋力克难,继续向着更宏伟的目标展翅高飞。

　　【启示】 务实拼搏家风传,立志为民情义真。集体统配重服务,魅力乡村容颜新。广种博收谋创业,清正廉洁修己身。心血凝尽仍恨少,情到深处痴几分。

传承篇

自古以来,中华民族就以刻苦勤俭、坚韧耐劳著称于世,绵延在中华文化里的顽强拼搏、奋斗不息的精神从古到今一脉相承、熠熠生辉。

◆夸父与日逐走,入日;渴,欲得饮,饮于河、渭;河、渭不足,北饮大泽。未至,道渴而死。弃其杖,化为邓林。

——《山海经·海外北经》

〔解析〕夸父与太阳赛跑,一直追赶到太阳落下的地方;他感到口渴,想要喝水,就到黄河、渭水喝水。黄河、渭水的水不够,又去北方的大湖喝水。还没赶到大湖,就半路渴死了。他遗弃的手杖,化成桃林。

《山海经》是中国先秦时期的重要古籍,也是一部有关神话传说的古老的奇书,反映了上古时期人们的思想和智慧。其中《夸父逐日》便是其中的精彩篇章。在这篇神话中,巨人夸父敢于与太阳竞跑,最后口渴而死,他的手杖化为桃林。这个奇妙的神话表现了夸父无比的英雄气概,反映了古代人民探索、征服大自然的强烈愿望和顽强拼搏意志。

◆天行健,君子以自强不息;地势坤,君子以厚德载物。

——《周易》

〔解析〕天(即自然)的运动刚强劲健,相应地,君子处世,也应像天一样,自我力求进步,刚毅坚卓,发愤图强,永不停息;大地的气势厚实和顺,君子应增厚美德,容载万物。天道运行刚劲雄健,君子应自觉奋发向上,永不松懈。

这两句铿锵有力、气势磅礴的话,向世人道出了中华民族拼搏奋斗、永不停歇的精神。

◆盖文王拘而演《周易》;仲尼厄而作《春秋》;屈原放逐,乃赋《离骚》;左丘失明,厥有《国语》;孙子膑脚,《兵法》修列;不韦迁蜀,世传《吕览》;韩非囚秦,《说难》《孤愤》;《诗》三百篇,大抵圣贤发愤之所为作也。

——司马迁《报任安书》

〔解析〕周文王被拘禁而推演写成了《周易》;仲尼一生困顿不得志而作《春秋》;屈原被放逐,写成了《离骚》;左丘眼睛失明,有《国语》传世;孙子受了膑刑,编著了兵法书;吕不韦被流放到蜀地,《吕览》才流传于世;韩非被囚于秦,有《说难》《孤愤》传世;《诗》三百篇,大都是圣人贤者抒发悲愤之情的作品。

《报任安书》见识深远,辞气沉雄,情怀慷慨,言论剀切,是激切感人的至情之作。司马迁对生命与事业的崇高信念,是基于他对历史上杰出人物历经磨难而奋发有为事迹的观察和认识,是基于他对古代学者历经苦难、献身著述的传统的继承和发扬。司马迁崇高的人生信念和为《史记》献身的精神,对我们当代人具有深刻的启示意义和教育价值。他用整齐生动的笔触向我们传递了历史深处的声音——身处逆境顽强拼搏,生命不息奋斗不止的中华精神。

(本编执笔:宁阳县第三小学　仝宽)

新时代 新家风 育新人

后 记

自本书编写组成立到完成初稿，恰逢酷暑。其间三次召开研讨会，数易其稿。每次修订，多则十数天，少则几日。尽管仍有不尽人意之处，但如此效率，已令人感动。况编写组成员多来自学校，这个暑假正值教育系统多项改革举措出台，本已异常忙碌，但没有任何一个同志影响编写工作进程。他们工作强度很大，要对大量素材进行审核，甚至要与典型人物见面，其吃苦耐劳的精神和严谨审慎的工作态度令人称道。可以骄傲地说，本书编写组是一个能打硬仗的优秀团队。他们是：宁阳县教育局樊勇、柳方喜、安晶波、朱爱清、陈海亮，宁阳一中王鹏，第二小学薛克干，洸河学校孙翠翠，宁阳五中宋连军、闫恪民，大地金桥幼儿园王娟，宁阳职业中专张祥梅，宁阳实验中学党文东，第三小学仝宽，县委宣传部文教科纪敏。尤其是纪敏同志，不仅负责编写组日常联络工作，还要搜集素材、联系采访、整理文稿、打印样书，工作细致、主动，有创新精神，为编写组提供了很好的服务。宁阳四中语文组教研室的同志们为本书审稿，一并致谢。

本书在编写过程中使用了一些文章和图片，由于个别图片和文字的作者一时联系不上，请有关作者见书后及时联系，我们将按照国家规定支付稿酬。

编写组的同志们说，能为宁阳县家风建设工作做一点实事，是令人高兴的一件事。

信然。

图书在版编目（CIP）数据

新时代　新家风　育新人 ／ 宁阳县家风教育教材编写组编著.—济南：山东文艺出版社，2020.1
ISBN 978-7-5329-5842-9

Ⅰ.①新… Ⅱ.①宁… Ⅲ.①家庭道德—品德教育—宁阳县—教材 Ⅳ.①D649

中国版本图书馆 CIP 数据核字（2019）第 058177 号

新时代　新家风　育新人
宁阳县家风教育教材编写组　编著

主管单位	山东出版传媒股份有限公司
出版发行	山东文艺出版社
社　　址	山东省济南市英雄山路 189 号
邮　　编	250002
网　　址	www.sdwypress.com

读者服务	0531-82098776（总编室）
	0531-82098775（市场营销部）
电子邮箱	sdwy@sdpress.com.cn

印　　刷	山东华立印务有限公司
开　　本	890 毫米×1240 毫米　1/32
印　　张	6
字　　数	130 千
版　　次	2020 年 1 月第 1 版
印　　次	2020 年 10 月第 3 次印刷
书　　号	ISBN 978-7-5329-5842-9
定　　价	25.00 元

版权专有，侵权必究。如有图书质量问题，请与出版社联系调换。